D1730533

Zimtzicken, Canehlpuper

und andere MerkwürZigkeiten

Zimtzicken, Canehlpuper

und andere MerkwürZigkeiten

von

Georg Schulz

Copyright: © 2003 Georg Schulz

ISBN 3-8334-0430-2

Satz und redaktionelle Beratung:

Heike Passarge, DA VINCI Salt & Pepper Visions

www.DaVinci-Spiele.de

Herstellung und Verlag: Books on Demand GmbH,

Norderstedt

"Wissen Sie, dass Bücher nach
Muskatnuss
oder sonstwelchen
fremdländischen
Gewürzen
riechen?

Als Junge habe ich immer
daran geschnuppert.
Gott, was gab es schöne
Bücher ...."

Ray Douglas Bradbury
amerik. Schriftsteller
in "Fahrenheit 451"

Inhalt

Über den Autor

(ganz kurz, siehe oben):

Georg Schulz
ist Kaufmann, Gewürz-Kaufmann.
Er ist Geschäfstführer der 1930 vom Vater gegründeten und zusammen
mit seinem Bruder Karl Schulz fortgeführten und ausgebauten Firma
HAMBURGER GEWÜRZ-MÜHLE Hermann Schulz GmbH
gemeinsam mit seinem Neffen Holger Schulz, der
seit dem Jahre 2000 auch nachfolgender Inhaber ist.
Das Unternehmen betreibt den Import, Großhandel und
Export mit Gewürzen und deren Be- und Verarbeitung.

Georg Schulz sammelt Kurioses, Eigenartiges, relativ
Unbekanntes und Ungewöhnliches, was irgendwie Bezug
zu Gewürzen hat, so wie manche Leute Briefmarken sammeln.
Die sammelt er auch, aber nur solche mit Gewürz-Motiven,
also:

MerkwürZigkeiten.

Gewürze

Wenn du dich ins Leben stürzt,
wünschst du es pikant gewürzt,
denn was immer auch geschieht,
du hast großen Appetit.
Etwas Paprika im Blut,
das belebt, und tut dir gut.
Ungewürzt kannst du indessen
fast den ganzen Zimt vergessen.

Um auf Lorbeern auszuruhn,
gibt es viel zu viel zu tun.
Leben ist genau genommen
wie die Zwiebel. Tränen kommen,
schneidest du die Dinge an,
die ein Mensch nicht ändern kann.
Manch Problem, das wirst du sichten,
hat wie Zwiebeln viele Schichten.

Nichts im Leben ist tabu,
stets kriegst du den Senf dazu.
Du sollst auch nichts überstürzen,
vielmehr aromatisch würzen
und dosieren mit Bedacht,
dass das Leben Freude macht.
Nimm es deshalb manchmal lässig,
es schmeckt oft genug nach Essig.

Und aus allem die Moral:
Mancher möchte manches Mal
gerne mit der Zunge schnalzen,
doch die Preise sind versalzen,
weil man meist für den Genuß
auch gepfeffert zahlen muß.
Drum steh über diesen Dingen,
laß Gewürztraminer bringen.

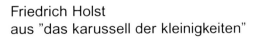

Friedrich Holst
aus "das karussell der kleinigkeiten"

Von der Urzeit bis zum Curry

Gewürz-Traminer lasse ich nicht bringen!
Ich stehe auch nicht über diesen Dingen,
sondern versuch' mit diesem Medium
in mein Gewürze-Sammelsurium
erkennbar Ordnung reinzubringen.

Viele ernste fachliche Ausführungen beginnen mit:
Schon die alten Römer, oder, schon die alten Griechen .....
Dieses soll aber kein ernstes wissenschaftliches Werk sein, sondern
einen Teil meiner kuriosen Sammlung von Merkwürdigkeiten, die sich auf
Gewürze beziehen, zeigen. Diese Griechen und Römer gab es noch
nicht, als Gewürze, zwar nicht in aller Munde waren, aber doch schon
von vielen Menschen bewußt genossen wurden.

Chillies wurden im südlichen Mexico seit 6000 v. Chr., also seit 8000 Jahren, angebaut. Sie waren so bedeutend, dass die Zeichenschrift der
Azteken ein eigenes Zeichen für dieses Gewürz hatte.

Chillies, Cayenne-Pfeffer und die damit verwandten Paprikas sind so ein
heißes Thema geworden, dem wir später immer wieder begegnen werden.

Schon im Ägypten der 3. Dynastie (2657 - 2581 v. Chr.) waren Wacholderbeeren bekannt, sowohl als Gewürz, als auch zum Balsamieren der Mumien. Die Balsamierer streuten Wacholderbeeren zwischen die Leinenbin-
den. Eine weibliche Mumie aus dem mittleren Reich (2030 - 1781 v. Chr.)
hielt sogar einige Wacholderbeeren in der Hand.

Um 1200 v. Chr. wurden in Ägypten für die Zubereitung von Speisen bereits
viele Gewürze verwendet. John Romer beschreibt 1984 in seinem Buch
"Sie schufen die Königsgräber", dass fette Klöße gewürzt mit Rettichsaft
und Cumin sehr beliebt waren. Diese Klöße schwammen in einer Soße mit
Wacholderbeeren. Außerdem aß man braune Bohnen, Kichererbsen und
milde Lotussamen, alles gewürzt mit Majoran, Koriander und Dill.

Machen wir jetzt einen Sprung aus den antiken Gefilden nach Mitteleuropa zu Kaiser Karl dem Großen. Im letzten Kapitel seiner "Landgüterverordnung" heißt es: "Wir befehlen: In den Gärten soll man nachgenannte Pflanzen ziehen ..." Dann folgen unter etwa 90 bis 100 Pflanzen auch Cumin, Rosmarin, Kümmel, Anis, Schwarzkümmel, Dill, Fenchel, Senf, Bohnenkraut, Minze, Zwiebel, Knoblauch, Koriander und Lorbeer. Die in der Verordnung genannten Pflanzen bildeten den Grundstock für alle nachfolgenden Klostergärten.

Darauf begründete auch das Kloster Sankt Gallen seine große medizinische Tradition. Einen Ehrenplatz in den Annalen dieses Klosters als Maler, Lehrer und Arzt hatte Notker II. Wegen seiner Kunst, Gewürz- und Kräutertinkturen herzustellen, ist er besser bekannt unter seinem Spitznamen "Piperis Granum", also als Notker "Pfefferkorn". Er starb 975.

"Der aufrichtige Materialist und Specerei-Händler", Anno 1717

Nach diesem Rückblick zu einigen der ältesten Gewürze stellt sich die Frage, welches ist das jüngste Gewürz?

Mit Einschränkungen dürfte es für uns Europäer wohl das Curry-Pulver sein. Es ist zwar kein gewachsenes Gewürz, aber eine Mischung verschiedener Gewürze in vielen Zusammensetzungen und Geschmacksrichtungen, das sich erst seit hundert Jahren über die Welt verbreitet hat.

Und das kam so: In Indien hatten die Engländer während der Kolonialzeit Probleme mit der Ernährung ihrer einheimischen Truppen. Die Moslems aßen kein Schweinefleisch, manche Hindus aßen Fleisch, aber kein Rind, andere waren Vegetarier. Also erfand man in Anlehnung an die traditionellen indischen Marsalas eine Soße für alle, in die man Brot tauchen konnte und die man über den Reis geben konnte.

In der Sprache der südindischen Tamilen gibt es das Wort "Kari" für Soße. Die trockene Substanz für diese Soße, eine scharfe, gelbliche Mischung aus dort heimischen Gewürzen, konnten die Truppen mit sich führen und sich kurz vor den Mahlzeiten damit ihre Soße anrühren. Mit diesem "Soßenpulver" fing es an. Schon ab 1780 gab es in englischen Kochbüchern Rezepte für die Zubereitung von Curry-Pulvern. In der weltweiten See-Schiffahrt ergab sich eine ähnliche Situation mit den Mannschaften, die sehr häufig aus Tamilen, anderen Indern und Pakistani bestanden.

Über die aus Indien heimkehrenden englischen Soldaten, Seeleute und Verwaltungsbeamten wurden Curry-Gerichte in England beliebt. Und die von England dominierte internationale Seeschifffahrt verbreitete das Verlangen nach Curry-Gerichten über die Welt.

"Curry-Ziege" ist kein Schimpfwort. Es ist eins der Nationalgerichte Jamaicas. Ein mit Curry gewürztes Eintopf-Gericht mit Ziegen- und Schaffleisch wird dort "Curry Goat" genannt.

Wie kommt aber Curry nach Jamaica?
Nachdem die Sklaverei im britischen Kolonialreich 1838 endgültig abgeschafft war, warb die Kolonial-Verwaltung Jamaicas billige Arbeitskräfte für die Zuckerplantagen an. So kamen neben 8.000 Afrikanern auch 40.000 Inder auf diese Insel und brachten natürlich auch ihre Eßgewohnheiten mit.

Übrigens: ... "DIE WELT" vom 5. März 2001 berichtete:
Ein indisches Curry-Gericht ist für eine junge Britin um die halbe Welt gereist. Rachel Kerr aus dem englischen Newcastle hatte in Australien solches Heimweh nach ihrem Lieblings-Curry, dass sie es kurzerhand übers Internet bestellte. "Kein Problem", antwortete Restaurantbesitzer Abdul Latif. Das vegetarische Curry brauchte vier Tage, um die 17.460 Kilometer per Kurierdienst nach Sydney zurückzulegen - natürlich tiefgefroren.

Und was fällt uns Deutschen dazu ein?
Eine Deutsche Industrie Norm!

Und seit 1999 auch:

Schnell weg von solchem bürokratischen Unsinn hin zum Mirakelhaften,
zu den Gewürzen des Baumes Miristica fragans, zum Muskat.

Mirakelhaftes Muskat

Warum heißt Muskat eigentlich Muskat? Ist es zurückzuführen auf Maskat? Maskat ist Hauptstadt und Hafenplatz des Sultanats Oman. Auch von dieser Stadt gingen bis zum Ende des Mittelalters die von Indien angelandeten Gewürze mit arabischen Karawanen bis ans Mittelmeer.

Nein.

In der lateinischen Sprache bedeutet Muskat "Moschusduft". Für meinen Geruchssinn nicht verständlich, gab die vermeintliche Duftverwandtschaft den Gewürzen des Muskatbaumes ihren deutschen Namen.

Muskat-Nüsse gibt es genau genommen nur dort, wo die Muskat-Bäume wachsen und die Muskat-Nüsse geerntet werden. Die Nüsse werden nach der Ernte geknackt. Was wir als Muskat-Nuss bezeichnen, ist der Muskat-Kern. Die als Gewürz wertlosen Schalen werden, weil sie sehr hart sind und nur langsam verrotten, gern zur Befestigung der Wege in den Muskat-Plantagen verwendet.

Wenn wir es mit den Gewürzen des Muskat-Baumes weiter genau nehmen, kann uns noch schwindelig werden. Ja, von Muskat kann man taumelig werden. Das ist wissenschaftlich erwiesen. Dieses Gewürz enthält Myristicin. Das ist ein Schwindel erregendes Rauschmittel, ähnlich der Psychodroge Meskalin.

Von MICHAEL PAUSTIAN
Eltern, redet mit euern Kindern darüber, warnt sie: Es gibt eine neue, gefährliche Droge. Sie liegt als Gewürz in jedem Küchenschrank. Wenn man zuviel davon nimmt, wirkt sie wie LSD. Und Hamburger Kids haben sie entdeckt: die Muskatnuß.

Sie geht feingerieben in den Discos von Hand zu Hand. Viele verstecken sie in Streichholzschachteln. - Die Kinder mischen sie in Orangensaft und schwärmen: "Ein Teelöffel täglich, und du bist high" (Schüler, 15). "Das ist wie Schweben. Du hast das Gefühl, daß überall Scheinwerfer stehen, die dich anstrahlen. . ."

Wissenschaftler bestätigen die verhängnisvolle Wirkung. Prof. Kubeczka (59), Uni Hamburg: "In der Muskatnuß gibt es tatsächlich ätherische Öle, die im Körper umgebaut werden. Myristicin zum Beispiel. Es kann Halluzinationen hervorrufen, das Raum- und Zeitgefühl wird beeinflußt." Schon fünf Gramm Muskatnuß reichen aus; die Wirkung beginnt nach 2 bis 5 Stunden. Die Spätschäden lassen länger auf sich warten. Muskatnuß in Überdosis vergiftet den Körper, es kann zu Nieren- und Leberstörungen kommen.

Und jede Dosis, die zum Rausch führt, ist eine Überdosis. Ein Junge sagt: "Ich habe mal drei Teelöffel genommen und habe mich den ganzen Tag übergeben, alles tat weh."

Kinder, laßt die Muskatnuß, wo sie hingehört: bei Muttern in der Küche.

BILD, 10. März 1994

Dazu ist anzumerken, dass der "Maler vom Montmartre", Toulouse Lautrec, stets eine Muskat-Nuss und eine kleine Reibe mit sich führte, um seinen Portwein zu würzen.

"Muscatblüt" ist kein Gewürz, sondern nachweislich der Name eines aus dem östlichen Franken stammenden Meistersingers des ausgehenden 14. Jahrhunderts. 100 seiner Gedichte und Lieder - Lyrik, anklagende Zeitkritik und Minnelieder - sind überliefert. So wird zum Lied "Der Schusterknecht Werkzeug" von Hans Sachs (1494 - 1576) die Anweisung gegeben "In dem langen Ton Muscatblüt". Interessant zwar, aber was wissen wir über die Blüten des Muskat-Baumes? Ich weiß nichts Genaues, aber ich weiß, dass der getrocknete Samenmantel der Muskat-Nuss auch ein Gewürz ist. Es ist die sogenannte Muskat-Blüte, auch als Macis bezeichnet.

T-Shirt aus Grenada mit Muskat-Frucht. Das aufgeschlitzte Fleisch zeigt deutlich die rötliche Macis mit der schwarzbraunen Nuss in der sich als Kern die von uns sogenannte Muskat-Nuss befindet.

Unsere Muskat-Nuss ist also botanisch betrachtet keine richtige Nuss, die sogenannte Muskat-Blüte keine Blüte. Die beiden Gewürze Macis / "Muskat-Blüte" und "Muskat-Nuss" wachsen in einer Frucht. Die aufgeplatzte Muskat-Frucht enthält das ebenfalls aufgeplatzte Fruchtfleisch, einem Pfirsich ähnlich, dann den rötlichen von Natur aus geschlitzten Samenmantel, die Macis, darunter die Nuss und in dieser harten Nuss einen Kern, unsere "Muskat-Nuss".

Als Holland noch das Monopol über diese Gewürze von den Molukken-Inseln besaß, stellte in Holland ein Bürokrat der halbstaatlichen "Vereinigte Ostindische Compagnie" VOC fest, dass die Macis einen bedeutend höheren Preis erzielte, als die Muskat-Nüsse. Daraufhin erließen die holländischen Behörden an die Produzenten in Indonesien die Anweisung, einen Teil der Muskat-Bäume zu fällen und dafür Macis-Bäume anzupflanzen.

16

Nicht nur diesen Beamten unterlief ein solcher Muskat-Fehler. Der Weltreisende Ibn Battuta (1325 - 1353), der sonst recht präzise über Land, Leute und Natur berichtete, ist bei diesem Gewürz, im Zusammenhang

mit Nelken, im Irrtum. Bei ihm ist zu lesen: "... Das, was man bei uns Gewürz-Nelken nennt, ist ein Teil der Blüte, der abfällt und der Orangen-Blüte ähnlich sieht. Die Frucht des Gewürz-Nelken-Baumes ist die Muskat-Nuss, die in unserer Heimat als "Parfüm-Nuss" bezeichnet wird."

Muskat-Marmelade

Geradezu berühmt wurde die Muskat-Nuss im Liebeszauber. Französische Hexen sollen Mädchen bei Liebeskummer folgenden Rat gegeben haben: "Bohre Löcher in die Muskat-Nuss und trage sie dann einige Tage in der Achselhöhle oder an der Scham, zermahle dann die Nuss und reiche sie anschließend dem Liebsten in einem Getränk. Er wird dich lieben müssen".

Muskat-Gelee

So einen Ratschlag machte sich auch Sybille von Neidschütz, die Mätresse des Bruders von August dem Starken von Sachsen, zunutze. Sie wandelte das Hexenrezept allerdings um eine pikante Variante ab. Sie verschluckte die Muskat-Nuss und schied sie wieder aus. Das wiederholte sie zweimal. Danach zerrieb sie die Nuss zu Pulver und gab sie ihrem Geliebten in Wein aufgelöst zu trinken. Der Chronist berichtet, dass dieses Liebesmittel die gewünschte Wirkung zeigte. Der Prinz wurde der Neidschütz hörig.

Aus dem Fruchtfleisch, das nicht so kräftig nach Gewürz schmeckt, werden auf Grenada und in Indonesien Gelees, Marmeladen und kandiertes Konfekt hergestellt. Das Konfekt nennt sich "preserved nutmeg". Man kann es dort in 100-g-Tüten kaufen, wie bei uns Bonbons, Gummi-Bärchen oder Fruchtgummi.

Kandiertes Muskat-Konfekt

Der Muskateller-Wein sollte eigentlich nichts mit dem Muskat-Gewürz zu tun haben. Er ist eine Rebsorte. Oder??

Ich hatte ja bereits angemerkt, dass uns bei diesem Thema schwindelig werden kann. In dem 1753 erschienen Buch "Der Wein-Arzt" sind im Kapitel "Andere und fremde Weine zu machen" drei Rezepte verzeichnet, nach denen "Muskateller-Wein" unter Mitverwendung von "Muscaten-Nüsse", anderen Gewürzen und Ingredienzen gemacht werden kann. Für "Rothen Muscateller-Wein" waren allerdings keine Muskat-Gewürze erforderlich, es genügten "Zimmet" und "Holder-Blüth".

"Der Wein-Arzt" von 1753

Durch diese seinerzeit sehr teuren Gewürze muss derartiger Muskateller dann wohl auch sehr wertvoll geworden sein. Nur die sehr wohlhabenden Leute konnten es sich früher leisten, ein Pfund Muskat-Nüsse, den Gegenwert von etwa sieben Ochsen, zu kaufen.

Selbst der hohe Wert hinderte die Römer nicht daran, die Straßen mit Muskat zu räuchern, als im Jahre 1191 Kaiser Heinrich VI. (1164 - 1197) zur Krönung seinen Einzug hielt.

Übrigens: ... Heutzutage kann sich jeder Ochse für den Gegenwert von wenigen Steaks ein Pfund Muskat-Nüsse kaufen.

Götter, Gräber und Gewürze

Als Apollo, der Gott der Schönheit, der Reinigung und der Sühne, am Fluß Tessalia entlang ging, traf er die Nymphe Daphne. Er verliebte sich in diese Jungfrau, begehrte sie und begann ihr nachzustellen. Er musste aber feststellen, dass er einen Rivalen, den Jüngling Leukippos, hatte, der sich manchmal als Nymphe verkleidete, um in ihrer Nähe sein zu können. Apollo kam auf die Idee, die Nymphen zum Baden einzuladen, wobei Leukippos sein Geschlecht natürlich nicht verbergen konnte und die Nymphen diesen armen Verehrer umbrachten. Damit war Apollo aber noch nicht am Ziel. Daphne war nämlich bereits Gaia, der Göttin der Erde, als Ehrenjungfrau versprochen. Ihr Vater, der Flußgott Peneus, eilte zur Hilfe und verwandelte sie in einen prächtigen Lorbeer-Baum. Apollo flocht sich in seiner Liebesnot aus den Zweigen dieses Lorbeer-Baumes einen Kranz, den er seitdem auf dem Kopf trägt. Und diese Mode ist für göttliche Künstler und göttliche Sportler beibehalten worden. Auch die Legionäre Roms verehrten Apollo. Zur Entsühnung wurden nach dem Kampf die Schwerter und Lanzen mit Lorbeer-Blättern abgerieben.

Die Bezeichnung Safran benutze man relativ spät für das Gewürz aus einer besonderen Krokusblüte. Vorher sagte man schlicht dazu Krokus. In der griechischen Mythologie und Literatur finden wir es häufig. Als der höchste griechische Gott Zeus in Gestalt eines Stieres mit der Europa anbandeln wollte, waren Europa und die Gespielinnen dabei "des goldenen Krokus duftendes Haar", also die fädenartigen rotgoldenen Blütennarben, zu ernten.

Und bei Euripides erschien Apollo vor Kreusa, der Tochter des Erechtheus, als sie mit dem Pflücken der Safranblüten beschäftigt war. Sie begrüßte ihn: "Da erscheinst du mit goldenem Haar schimmernd, als ich zur Blumenzier sammelte mir ins Gewand goldleuchtende Krokusblüten."

Daphnes Verwandlung zum Lorbeerbaum
Aus "Ovids Metamorphosen" von 1450

Shen Nung, der als Gott angesehene Kaiser Chinas, gab um 2700 v. Chr. den Auftrag, das Wissen um die Heilkraft der Pflanzen schriftlich festzulegen. Bereits zu dieser Zeit spielte Ingwer eine bedeutende Rolle, denn er wurde mit aufgeführt, allerdings nicht als Gewürz.

Im 5. Jahrhundert v. Chr. wurde von dem indischen Brahmanen Sheta Karma eines der ersten Kochbücher geschrieben. Es enthält jedoch keine Gerichte für Menschen, sondern es wurden Priester im Tempeldienst angewiesen, danach gute Opfer-Essen für die unsterblichen Götter zu bereiten. Diesem Buch kann man auch eine interessante Gewürzmischung entnehmen, die vielleicht der Vorläufer des jetzigen Curry-Pulvers gewesen sein kann.

Safran ist nach der griechischen Mythologie so aus Blutstropfen entstanden: Ohne Absicht verwundete Hermes seinen Freund Krokus. Als dabei Blut auf die Erde tropfte, verwandelte Hermes diese Blutstropfen in viele kleine violette Krokusblumen. Die getrockneten Blüten-Narben dieser Blumen sind das, was wir als Safran kennen.

Nach einer Legende soll die Rosmarin-Pflanze so zu ihrem Namen gekommen sein: Als die heilige Jungfrau Maria mit dem Christus-Kind auf der Flucht vor Herodes Soldaten war, legte sie ihren blauen Umhang für eine Nacht auf einen Busch mit weißen Blüten. Am nächsten Morgen waren diese Blüten so blau gefärbt, wie es ihr Mantel war. Danach wurde dieses Kraut "Rose der Maria" genannt, also Rosmarin.

In Indien wurde die Basilikum-Art Ocimum sanctum, dort Tulasi genannt, unverzichtbarer Bestandteil der Verehrung vieler Götter, insbesondere von Vishnu. Die Mythologie, wie es dazu kam, ist äußerst verwirrend, kann aber im Buch "Brahmas Haar" von Maneka Gandhi nachgelesen werden. Jedenfalls feiern Hindus im November, am 12. Tag der ersten Hälfte des Monats Kartika, das Tulasi-Fest, wobei diese Pflanze symbolisch mit dem Gott Krishna vermählt wird.

Diese Basilikum-Art ist den Hindus so heilig, dass sie quasi als Bibel-Ersatz gelten musste. Als die Engländer Indien beherrschten und auch aus der dortigen Bevölkerung Soldaten rekrutierten, konnte man diese ja nicht vereidigen und auf die Bibel schwören lassen. Man ließ sie auf die heilige Tulasi-Basilikum-Pflanze schwören.

Übrigens: ... Auch im 21. Jahrhundert hat diese Basilikum-Pflanze ihre Anbeter. Nach einem Bericht vom 24. Juli 2001 im HAMBURGER ABENDBLATT hat der Beatle George Harrison, ein Anhänger der Hare-Krishna-Bewegung, beim Balarama-Tempel in Vrindavan, 150 km südöstlich von Delhi in Vorbereitung auf das ewige Leben angefragt. Dort werden dem Leichnam Blätter des Tulasi-Basilikum unter die Zunge gelegt. Im weiteren Verlauf der Zeremonie wird dann der Körper zur Harmonie überlieferter Veda-Klänge verbrannt.

Mohammed (570 - 632 n. Chr.), der Gründer des Islam, war nicht nur ein großer Prophet, er war auch ein erfahrener Gewürzkaufmann. In seiner Jugend hütete er in der Umgebung von Mekka Schafe und Ziegen. Aber als er zwölf Jahre alt war, wurde er von seinem Onkel, der mit Myrrhe, Weihrauch und orientalischen Gewürzen handelte, auf eine mehrmonatige Handelsreise nach Syrien mitgenommen. Mit fünfundzwanzig Jahren trat er auf Empfehlung seines Onkels in die Dienste einer reichen Witwe in Mekka. Zusammen mit einer Dienerin wurde Mohammed verantwortlich für ihre Handelsgeschäfte. Auch für sie reiste er mit Weihrauch, Myrrhe und Gewürzen handelnd nach Syrien. Da er sich als treuer Sachverwalter ihrer Interessen erwies, heiratete sie, eine Witwe von vierzig Jahren, Mohammed, den um vierzehn Jahre jüngeren. Mit vierzig Jahren begann er, sich mit Reflektionen und Meditationen zu beschäftigen. Erst dann wandelte sich der inzwischen sehr angesehene Gewürz-Kaufmann zum Propheten.

- Und im Koran, Sure 76, 17 - 19 bei der Beschreibung des Paradieses heißt es "Und da reicht man ihnen zum Trinken einen Pokal, dessen Mischung aus Ingwer, aus einem Quell dort, Salsabil genannt."

Aus welchen Gründen auch immer, ob Aberglauben, Kult, Balsamierung, oder weil sie gut rochen, oder weil der Verstorbene damit gewürzte Speisen bevorzugte, Gewürze begleiteten Verstorbene auch noch im Tod. Bei Colmar wurden in einem Grab aus der Merowingerzeit (um 500 n. Chr.) Gewürz-Nelken gefunden.

Als das unversehrte Grab des ägyptischen Herrschers Tutenchamun (1347 - 1338 v. Chr.) im Tal der Könige von H. Charter im Jahre 1922 entdeckt und geöffnet wurde, fand man dort Reste von Bockshornkleesaat (Gewürz und Bestandteil des Curry-Pulvers) und Cumin, auch Kreuzkümmel genannt.

Bereits Ramses II (1290 - 1224 v. Chr.) hatte die Nase voll. Jedenfalls entdeckte man bei der Röntgen-Untersuchung seiner Mumie mehr als 30 Körner schwarzen Pfeffers in seiner Nase. In seiner Leibeshöhle befanden sich Holzspäne, Stängel, Koloquintensamen und schwarzer Pfeffer.

Den Alten Griechen werden wir immer wieder begegnen, hier in Bezug auf den kürzlich von russischen Archäologen im Altai-Gebirge entdeckten "Sibirischen Ötzi". In dieser ca. 2500 Jahre alten Eis-Mumie befanden sich Kräuter im Leib. Der griechische Geschichtsschreiber Herodot berichtete schon davon, wie dieses Reitervolk der Skythen seine Verstorbenen balsamierte. Der Kopf wurde geöffnet und mit Kieselsteinen gefüllt. In die leer geräumte Bauchhöhle kamen Räucherwerk, Zyperngras, Safran, Sellerie, Anis oder Dill.

Spuren von Chillies fand man in Grabstätten in Peru. Dort wurden hochrangige Ur-Ur-Einwohner ca. 6200 v. Chr. beigesetzt. Neben Bohnen und Mais wurden dort schon Chillies kultiviert und den Verstorbenen vermutlich als Wegzehrung ins Jenseits mit ins Grab gelegt.

Nicht nur im Orient und Südeuropa gehörten im Mittelalter Gewürze zum Totenkult. Als Schwedens heilige Britta im Jahre 1328 das Grab ihres Vaters ölte, wurde nach einer überlieferten Rechnung dieses Öl mit 700 g Safran, nicht ganz 1 kg Ingwer, 5 kg Kümmel und 3 kg Pfeffer gewürzt.

Übrigens: ... Die alte Wissenschaft der Balsamierung von Toten, die Thanatologie, lebt auch heute noch. Besonders wenn es darum geht, in der Fremde verstorbene Moslems für den Transport und für die Beisetzung in die Heimaterde so zu konservieren, dass weder eine natürliche Geruchsbelästigung noch die des Mittels Formalin stört. In der ARD-Fernsehsendung "Finale Grande" vom 7. Juni 2000 führte der Balsamierer Albert Riepertinger aus, dass zur Füllung des entleerten Magens in Anlehnung an die ägyptischen Techniken eine Species aromatica, die auch Pfeffer, Thymian und Nelken enthält, genommen wird.

Cover der Broschüre "Gewürze in der Bibel" von Maren G. Steinert und Georg Schulz.

Bemerkungen zu Biblischem

Suchet, so werdet ihr finden ...   (Matthäus 7,7 und Lukas 11,9)

... viele Gewürze in der Bibel. Eine Ausarbeitung und Kommentierung von Maren G. Steinert und dem Autor unter dem Titel "Gewürze in der Bibel" zeigt, dass die Bibel ein gut gewürztes Buch ist. Viele auch heute noch gebräuchliche Gewürze sind dort zu finden. Zum Beispiel bei:

1. Buch Mose 37,25	1. Buch Mose 43,11
2. Buch Mose 16,31	2. Buch Mose 20,23
3. Buch Mose 11,5	3. Buch Mose 30,23/24
4. Buch Mose 11,5	4. Buch Mose 11,7
Buch der Chronik 9,1	Buch der Chronik 16,14
Psalm 45,8-9	Sprüche Salomos 7,17
Prediger Salomo 12,5	Hohe Lied Salomos 1,12 und 4,13-14
Jesaja 28,25-27	Hesekiel 27,19
Matthäus 13,31-32	Matthäus 17,20
Matthäus 23,23	Markus 4,31-32
Markus 14,3	Lukas 11,42
Johannes 12,3	und Offenbarung des Johannes 18,12-13

Welche Gewürze? Suchet!

Die sechste Bitte des "Vaterunser" wurde im Mittelalter in Englands Häfen konsequent angewandt. Entsprechend der Bitte "und führe uns nicht in Versuchung" wurden 1603, als die erste Flotte der Engländer von Java zurückgekehrt war, die mit der Entladung der zum großen Teil aus Pfeffer und Muskat bestehenden Ladung beauftragten Arbeiter angewiesen, Kleidung ohne Taschen zu tragen. Sie sollten nicht in Versuchung kommen, etwas von den wertvollen Gewürzen zu entwenden.

Es steht zwar nicht in der Bibel, aber im Buch "Die Sagen der Juden" können wir über Salomos Hof und Hofstaat lesen: "Zwei Säulen hatte Salomo vor seinem Hause aufgerichtet, und vor jeder Säule hatten zwei

Löwen aus Gold ihren Platz, und diese schieden köstliche Gewürze aus. ... Wenn zwei der Löwen aus ihrem Mund gewürzten Wein spendeten und die zwei anderen mancherlei Duftwürze ..."

Auch von 1626 ist belegt, dass in England die Arbeiter "Segeltuchwämser ohne Taschen" während der Entladung der von den Molukken heimgekehrten Schiffe tragen mussten. Muskat-Nüsse waren so wertvoll, dass schon eine kleine Menge genügte, sich dafür ein Haus mit Giebeldach zu kaufen.

Apropos Muskat-Nüsse:

> *Nicht nur Muskat-Nüsse, sondern auch zahlreiche andere Gewürze wurden zur Gestaltung des "Gewürz-Mühle-Spiels" der Firma HAMBURGER GEWÜRZMÜHLE HERMANN SCHULZ GmbH verwendet: Bockshornkleesaat, Ceylon-Canehl, grüne Cardamom-Kapseln, Cassia-Zimtrinde, kleine Piri-Piri-Chillies, lange China-Chillies, geschälter Ingwer, Lorbeerblätter, Kurkumawurzel, Macisblüte, Nelken, gemahlener Paprika, grüner, schwarzer und weißer Pfeffer, grüne Pistazienkerne, gelbe Senfsaat, geschälte Sesamsaat.*

Übrigens: ... Zwei der historisch belegten ursprünglichen Heimat-Inseln der Muskat-Frucht und der Gewürz-Nelken, Ternate und Banda-Neira in der Inselgruppe der Molukken weisen auch heute noch auf diese Bedeutung hin. Auf dem Hauptplatz Ternates steht als Denkmal eine geöffnete Muskat-Frucht, aus der eine Gewürz-Nelke herausragt. Der Sockel der Straßenlaternen auf Banda-Neira ist einer geöffneten Muskat-Frucht nachempfunden.

Straßenlaterne auf der Molukken-Insel Banda Neira, der Ur-Heimat der Muskat-Nuss. Aus dem Sockel in Form einer geöffneten Muskat-Frucht ragt der Laternenmast.

Denkmal für Muskat und Nelke auf Ternate, einer weiteren Ur-Heimat von Nelken und Muskat-Nuss auf den Molukken. Aus der geöffneten Muskat-Frucht ragt ein Zweig mit vier Gewürz-Nelken.

Fotos: Gernot Katzer

Zimtrinden

Zu allen Zeiten wird über Zimtrinden, auch als Cassia, Canehl oder Kaneel bezeichnet, berichtet.

Als Knabe tat Alexander der Große (356 - 323 v. Chr.) beim Opfern den Göttern häufig zu viel Weihrauch und Zimtrinde ins Feuer. Sein Erzieher Leonidas riet ihn dann scherzhaft zur Sparsamkeit mit den Worten: "So verschwenderisch kannst du erst sein, wenn du das Weihrauchland erobert hast!" Nach der Eroberung von Susa verfügte Alexander, inzwischen Alexander der Große, über große Mengen von Weihrauch und Cassia. Nunmehr ließ er Leonidas einen Brief bringen, in dem stand: "Ich schicke dir hundert Talente Weihrauch und duftende Cassia, damit du gegen die Götter nicht mehr so sparsam zu sein brauchst."

Die eigentliche Herkunft dieses Gewürzes wurde von den Arabern geheim gehalten und mit abenteuerlichen Geschichten erklärt. So berichtet Herodot (490 - 420 v. Chr.), dass die Gegend um das Rote Meer das Zimtland sei. Große Vögel bauten dort aus Zimtrinden ihre Nester. Die Araber legten in der Nähe der Nester große Fleischstücke als Futter aus. Die Vögel flogen mit diesem Fleisch zu ihren Nestern. Unter dem Gewicht brachen die Nester zusammen und die Zimtrinden stürzten zur Erde, wo sie dann von den Arabern aufgesammelt wurden.

Aristoteles (384 - 322 v. Chr.) hatte man diese Geschichte anders erzählt. In einem unermeßlich fernen Land horteten die Vögel die Zimt-Stangen in ihren Nestern. Diese Nester mussten dann von Bogenschützen von den Bäumen herunter geschossen werden. In anderen Erzählungen waren diese Nester voller Schlangen, die erst überlistet werden mussten.

Kugelschreiber von Sumatra

Um eine Kugelschreiber-Mine wird eine frische, geschälte und gelochte Zimt-Rinde gelegt, die sich beim Trocknen fest um die Mine rollt.

Man könnte nun der Meinung sein, über die Zimtrinden gäbe es nichts mehr zu erforschen. Es sei denn, man betreibt Sprachforschung, wie unser Hamburger "Missingsch-Professer" Dirks Paulun. Die Ergebnisse seiner etymologischen Forschungen lesen sich so:

Aus "Platt auf deutsch"
KANEEL ist die feinste Sorte von Zimt. Weil diese Stangen nicht billig waren, konnte man von einer guten Hausfrau sagen: "Se paßt op'n Kaneel." Dass dieser im Duden bereits mit dem Stammbaum "sumer.-babylon.-gr.lat.-mlat.-fr." ausgewiesen wird, erhebt ihn über den simplen "Zimt", der nur "malai.phöniz.-gr.lat.-mlat." Abstammung hat! - Trotzdem wird das edle Gewürz in manchen Redewendungen abgewertet: "All so'n Schiet un Kaneel" für nutzlosen Kram. Zärtliche Mütter nennen ihre Kleinkinder "min lüttjen Kaneelpuper".

Aus "is doch gediegen"
"Zimt", "Zimmt", "Zimmet" das ist alles noch nicht das Wahre. In Hamburg weiß man, was das Beste vom Zimtbaum ist. Man tut es nicht unter "Kaneel". Auch redensartlich: "Reht kein Kanehl!" Der "Zimtzicke" allerdings tut man keine solche Ehrung an, aber dem geliebten kleinen Kind. "Canehlpuper" gilt als zärtliche Anrede. (Nur für den ersten Teil des Wortes gilt die sumerisch-babylonische Herkunft als verbürgt, "pupen" ist eher niederdeutsch, eigentlich netter, nüchterner und freundlicher, als die hochdeutschen Wörter für das Ablassen von Gasen aus dem Verdauungskanal.)

Die "Zimtzicke" wurde 1962 auch in das "Schimpfbuch" von Ludwig Kapeller aufgenommen.

Im "Lexikon der Ruhrgebietssprache" von Werner Broschmann wird sie so erklärt: "Hämische Bezeichnung für eine schnippische, fortwährend meckernde Frau; sehr starke Abwertung, fast Beleidigung ('De Zymtzicke von nebenan labert heut wieder nur Stuß mit Senf.')".

Übrigens: ... Im Internet gibt es fast hundert Eintragungen zum Suchbegriff "Zimtzicke".

Feurige Gewürze und gutgewürzte Wappen

Für die Geschichts- oder Geschichtenschreiber war es egal, ob Canehl, Zimt oder Cassia. Für sie schienen diese Zimtrinden mehr interessantes Feuerholz zu sein:

Als im Jahr 65 Poppaea, die Frau des Caesar Nero (37 - 68), gestorben war, gab Nero den Befehl, den gesamten Vorrat Roms an Zimtrinden auf verschiedenen Plätzen aufzuhäufen und zu verbrennen. Zur Totenfeier war Rom dann eingehüllt in den süßlichen Geruch verbrannten Zimts.

Richard Whittington, sehr reicher Bankier und Oberbürgermeister von London, soll König Heinrich V. (1387 - 1422) gegen Privilegien die Schulden erlassen haben und dabei die entsprechenden Schuldscheine im Wert von 60.000 Pfund Sterling in einem Feuer von Zimtstangen verbrannt haben.

Das muß Eindruck gemacht haben, denn so eine Geschichte wird auch von dem deutschen Kaufmann Anton Fugger (1463 - 1560) in Augsburg berichtet. Er verbrannte einen Schuldschein Kaiser Karl V. (1500 - 1585) über eine sehr hohe Summe in dessen Gegenwart mit einigen kleinen Bündeln Zimtrinde. Das soll im Kamin des noch existierenden Hotels "Drei Mohren" in Augsburg geschehen sein. Die Berliner National-Galerie besitzt ein "historisches" Gemälde hierüber. Der darauf gezeigte Kamin ist allerdings erst hundert Jahre später gebaut worden.

Der Deutsche Martin Wintergerst, der in holländischen Diensten stand, berichtet von Ceylon: Ende des Jahres 1700 mussten die Eingeborenen den Canehl immer rechtzeitig vor der Abfahrt der holländischen Schiffe abliefern. Was nicht mehr in den Laderäumen der Schiffe verstaut werden konnte und nicht zu hohen Preisen an die Bevölkerung zurück verkauft werden konnte, wurde auf Befehl der Holländer auf einen Haufen geschüttet und verbrannt. Folglich war kein Zimt mehr da, den später kommende Konkurrenten aufkaufen konnten. So wurde die Ware in Europa knapp gehalten, um hohe Preise zu erzielen.

Vom Franzosen Beaumaré wissen wir, dass am 10. und 11. Juni 1760 in Amsterdam Muskat-Nüsse und Zimtrinden für etwa 16 Millionen Livres verbrannt wurden, um dadurch Höchstpreise für die restlichen Partien zu bekommen.

Auch in Batavia, dem jetzigen Djakarta auf Java, wurden 1775 über 125 tons Muskat-Nüsse von der "Holländisch-Indischen-Compagnie" verbrannt, um durch ein geringes Angebot hohe Preise zu erzielen.

Auf den von Frankreich beherrschten Seychellen, auch jetzt noch ein Herkunftsland von Zimtrinde, erschien 1780 ein großes bewaffnetes Schiff mit englischer Flagge. Die Franzosen befürchteten, dass die feindlichen Engländer die Insel erobern würden. Weil diesen die Gewürz-Plantagen mit erheblichen Zimt-Vorräten nicht in die Hände fallen sollten, wurden sie schnell verbrannt. Danach stellte sich allerdings heraus, dass das Schiff ein französischer Sklavenhändler war, der sich nur mit der englischen Flagge getarnt hatte.

Noch immer werden täglich große Mengen an Gewürz in Südostasien verbrannt, schätzungsweise jährlich 70.000 bis 80.000 tons! Daran beteiligt sich ein großer Teil der dortigen Bevölkerung. Es handelt sich hier um Nelken, die mit in den Tabak für die dort so beliebten "Kretek"-Zigaretten geschnitten werden.

Kretek-Zigaretten aus Indonesien, mit und ohne Filter und die Luxus-Qualität einzeln in Röhrchen

Nelken fehlen auch selten bei der Zubereitung des hauptsächlich in Indien üblichen und anregenden Kaumittels Betel. Kleine Stücke der nicht ganz reifen Arekanuss werden mit etwas Kalk oder Gambirblätter zusammen mit einer Nelke in ein Betelblatt eingewickelt. Betelkauen bewirkt eine dem Tabakgenuss ähnliche angeregte Stimmung. Bei Missbrauch besteht allerdings Krebsgefahr.

Das Kauen von Nelken gehörte im antiken China zur höfischen Etikette. Höflinge, Beamte und Besucher mußten ein paar Nelken im Mund haben und kauen, damit ihr Atem gut roch, wenn sie mit dem Kaiser sprachen.

Damit ist die Vielseitigkeit der Gewürz-Nelken keineswegs erschöpft. Können Nelken auch Menschenleben retten?

Es gab jedenfalls einmal eine Situation, in der das notwendig wurde: Das war, als Sir Francis Drake (1540 - 1596) auf seiner zweiten erfolgreichen Weltumsegelung mit seinem Flaggschiff, der "Goldenen Hind", vor der östlich von Celebes (jetzt Sulawesi) gelegenen Insel Ternate auf Grund lief. Das Schiff war bereits voll mit etlichen sehr wertvollen Gütern beladen. Um das Schiff zu erleichtern und dadurch wieder flott zu bekommen, musste nach 8 Kanonen, Mehl und Hülsenfrüchten, auch von den Gewürz-Schätzen etliches über Bord geworfen werden. Im Logbuch wurde vermerkt, dass zum Schluss auch, auf heutige Gewichte umgerechnet, 3.000 kg Nelken ins Meer geworfen wurden. Dank dieses Opfers konnten Schiff und Mannschaft gerettet werden.

Als Fernando Magellan (1480 - 1521) im Jahre 1519 mit fünf Schiffen aufbrach, als erster die Welt zu umsegeln, führte eines der Schiffe Juan Sebastian Elcano (1486 - 1526). Vier Schiffe gingen verloren und 245 Mannschaftsangehörige ertranken oder wurden von Eingeborenen erschlagen. Nur Elcano und 18 Seeleute mit dem Flaggschiff "Victoria" erreichten mühsam mit dem quasi schwimmenden Wrack das heimatliche Spanien. Für die Leistung der ersten Weltumseglung und für den geschäftlichen Erfolg - die mitgebrachte Ladung von Nelken, Zimtrinden und Muskat-Nüssen war wertvoller als die verlorenen vier Schiffe - verlieh ihm Kaiser Karl V. (1500 - 1558) ein gut gewürztes Wappen, darauf zwölf Nelken, zwei gekreuzte Zimt-Stangen und drei Muskat-Nüsse: Gewürze heraldisch.

Das Wappen des Seefahrers Juan Sebastian Elcano,
verliehen durch Karl V.

Die Nelken von Helgoland

Zu einer Mordsgeschichte reicht es nicht.
Eine blumige Erzählung wird es nicht.
Aber mit einem Mord beginnt sie.

Der erste Anbau von Gewürznelken auf Sansibar und der benachbarten Insel Pemba begann mit einem Mord in den ersten Jahren des 19. Jahrhunderts.

Der auf Sansibar geborene Araber Harameli bin Salem sollte vom Sultan Sayyd Said bin Sultan wegen eines Mordes verbannt werden. Harameli bin Salem war Diener eines französischen Offiziers gewesen und hatte auf der Insel Reunion einige Nelkenbaumschößlinge erworben. Diese bot er dem Sultan als Geschenk an und wurde daraufhin begnadigt. Der Sultan erkannte nämlich die Gelegenheit, die sich bot. Bisher gab es keine Nelkenbäume auf Sansibar. Beginnend mit diesen Schößlingen förderte er fortan den Nelkenanbau auf Sansibar und der Nachbarinsel Pemba. Später geschah dies sogar so energisch, dass er unter Androhung der Enteignung die Grundeigentümer zwang, Nelken anzubauen. Bis zu seinem Tode 1856 hatte sich der Sultan 45 Plantagen angeeignet, auf denen wohl mehr als sechs- bis achttausend Sklaven arbeiteten. Auch seine Kinder, etliche Konkubinen und Eunuchen seines Harems, kamen in den Besitz von Plantagen.

So wurden Sansibar und die Nachbarinsel Pembar zu Hauptproduktionsländern für Gewürznelken, was man zu der Zeit schon stolz mit einer Briefmarke der Welt zeigen wollte.

Auch die Tochter Saayida Salme des Sultans Sai'd Ibn Sultan, Herrscher über Oman und Sansibar, die am 30. August 1844 von einer tscherkessischen Sklavin geboren wurde, war bereits in jungen Jahren Besitzerin einiger Nelken-Plantagen. Für das Hamburger Handelshaus Hansing & Co. war dort als Agent der Kaufmann Rudolph Ruete tätig. Mit 23 Jahren verliebte sich diese Prinzessin in ihn und ihre Liebe wurde erwidert. Sie flohen nach Aden. Kurz vor ihrer Hochzeit wurde Salme getauft und erhielt den Namen Emily Ruete. 1867 zogen sie nach Hamburg und wurden glückliche Eltern von drei Kindern. Über ihr bewegtes Leben schrieb sie das 1886 erschienene Buch "Memoiren einer arabischen Prinzessin", welches zu einem Bestseller wurde und 114 Jahre später, im Jahre 2000, unter dem Titel "Leben im Sultanspalast" von der PHILO Verlagsgesellschaft mbH Berlin / Wien neu herausgebracht wurde.

Emily Ruete, geb. Prinzessin Saayida Salme von Sansibar

Salme wird am 30. August 1844 auf Sansibar, als Tochter Sai'd Ibn Sultan, Herrscher über Oman und Sansibar (1804-1856), und einer tscherkessischen Sklavin geboren. Wohlbehütet wächst sie im Harem auf. Bereits in jungen Jahren wird sie Besitzerin mehrerer Gewürznelkenplantagen.

Im Juli 1865 verliebt sich Salme in den Kaufmann Rudolph Ruete, Agent für das Hamburger Unternehmen Hansing &Co. auf Sansibar und Sohn von Adolph Ruete aus Hamburg und Francisca Rosalie Fölsch aus Itzehoe. Salme flieht nach Aden, wo sie unmittelbar vor der Hochzeit getauft wird und den Namen Emily Ruete erhält. Im Juni 1867 erreicht das Paar Hamburg. Hier verbringen sie mit ihren drei Kindern drei glückliche Jahre.

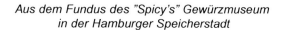

Aus dem Fundus des "Spicy's" Gewürzmuseum in der Hamburger Speicherstadt

Die Flagge von Sansibar

Als Sansibar 1963 aus der kolonialen Abhängigkeit von Großbritannien entlassen wurde, waren zwei goldene Nelken das Emblem der Nationalflagge als Zeichen für die wirtschaftliche Bedeutung der Gewürznelken für diese Insel. Nur für kurze Zeit, denn 1964 schlossen sich Sansibar und Tanganyika zu Tansania zusammen. Damit wurde diese Flagge eingezogen.

Und was ist mit den Nelken von Helgoland?

Bei Roland Gööck in seinem "Buch der Gewürze" las ich, dass goldene Gewürz-Nelken auch eine Rolle spielten, als 1890 die Zeit als Schutzgebiet des Deutschen Reiches für Sansibar ein Ende fand. In diesem Jahr wurde der Helgoland-Sansibar-Vertrag zwischen dem Deutschen Reich und Großbritannien abgeschlossen. Helgoland gehörte seinerzeit zu England. Eine eigene, deutsche Insel vor der Elb- und Wesermündung war wichtiger als ein noch so erfreuliches Schutzgebiet vor Ostafrika. Zur Erinnerung an den Vertragsabschluß soll allen daran beteiligten Beamten eine goldene Krawattennadel in Form einer Gewürz-Nelke überreicht worden sein.

Übrigens: ... Offiziell hieß der Vertrag "Caprivi-Vertrag" und war der Vertrag über die Kolonien und Helgoland mit umfangreichen Neuordnungen der Grenzen zwischen den englischen und deutschen Kolonien in Afrika.

Meine Neugier um diese goldenen Nelken war geweckt. Ich durchstöberte Helgoland-Bücher, fragte herum. Auch Briefe, z.B. an den Afrika-Verein der Hamburger Kaufmannschaft, an das Institut für Afrikanistik und Äthiopistik, brachten mich nicht weiter. Auf meinen Brief an das Heimat-Museum der Insel Helgoland erhielt ich am 02.09.1998 per Telefax die Antwort: "... leider habe ich keine Informationen darüber und konnte auch keine ermitteln. Weder die Helgoländer (Webersche) Chronik noch der Deutsch-Englische Vertrag von 1890 geben darüber Auskunft. Bedaure sehr! ... H.D. Rickmers." Nirgendwo eine Bestätigung.

Also eine nett ausgedachte Gewürz-Story? Eine Schriftsteller-Blüte?

Als Mitsegler eines Urlaubstörns kam ich nach Helgoland. Vielleicht, vielleicht könnte ich im Heimat-Museum doch noch einen Hinweis bekommen, hoffte ich.

Frau Evelyn Fritz, die dort die Besucher betreute, hörte sich geduldig und sehr interessiert die Geschichte meiner eigenartigen Fahndung an. Natürlich war auch ihr dieses Thema neu, aber sie versprach mir zu helfen, vorerst nur mit der Empfehlung, mich auch an Herrn Dr. Erik Hagmeier zu wenden. Ich schrieb ihm und bekam eine sehr nette, aber nelkenlose Antwort.

Im September erhielt ich dann einen ein Anruf von Frau Fritz: "... ich habe etwas für Sie. Kommen Sie nach Helgoland!" Ich kam. Zu meiner großen Freude überreichten mir Frau Fritz und Herr Dr. Hagmeier das Buch von Kurt Friedrichs "Umkämpftes Helgoland" mit der handschriftlichen Bestätigung:

Segelschiff aus Gewürz-Nelken

"1892 wurden auf Veranlassung vom Helgoländer Gemeindevertreter August Kuchlenz in Zusammenarbeit mit einem Hamburger Juwelier sieben Krawattennadeln in Form einer Gewürz-Nelke hergestellt, die am 10. August jeweils getragen werden sollten."

Ganz stimmig war die Sache doch noch nicht. Die Übergabe Helgolands war 1890 und nicht 1892. Aber zwei aufschlußreiche Telefongespräche mit Herrn Friedrichs brachten die Erklärung. Ja, 1890 bekamen die am Vertrag beteiligten englischen und deutschen Beamten jeder diese goldene Krawattennadel in Form einer Gewürz-Nelke, aber nur ein einziger Helgoländer, nämlich Herr Heinrich Gätke, der als Ornithologe und Maler auf Helgoland lebte und als Sekretär für die Gemeinde beratend an dem Vertrag mitarbeitete. Nach seinem Tod wurde diese Nelke vererbt an den nachfolgenden Herrn Cobers Dähn.

Goldene Krawattennadel in Form einer Gewürz-Nelke

Dass nur englische und deutsche Beamte so eine Krawattennadel bekamen, ließ die Gemeindeverwaltung von Helgoland nicht ruhen. Nach dieser goldenen Nelke wurden dann 1892 auf eigene Rechnung für den Bürgermeister und die sechs Mitglieder des Gemeinderats sieben Nelken bei einem Juwelier in Hamburg in Auftrag gegeben. Zwei Exemplare davon waren noch bis 1945 im Besitz der Familien Kuchlenz und Friedrichs. Beim totalen Bombardement der Insel Helgoland am 18. April 1945 gingen auch diese verloren.

Also sind die "Nelken von Helgoland" doch keine Schriftsteller-Blüte. Gewürz-Nelken sind ohnehin keine Blüten, sondern die getrockneten Blüten-Knospen des Gewürz-Nelkenbaumes.

Übrigens: ... Viele Ursachen beeinflussen die Preise der Gewürze. Eine aber dürfte uns neu sein, obgleich sie alt und überholt ist. Im Marktbericht der Firma Julius Grossmann, Hamburg, vom 1. Januar 1899, also von vor über 100 Jahren, stand: "Nelken, Zansibar, sind in den letzten zwei Jahren successive im Werthe gestiegen und zwar in Folge der durch die Freilassung der Sclaven verminderten Ernte-Ergebnisse."

BIG APPLE? Besser: BIG NUTMEG!

Als dann im 17. Jahrhundert den ohnehin schon sehr begehrten und sehr teuren Muskat-Nüssen von den Ärzten des Elisabethanischen London auch noch bescheinigt wurde, sie seien das einzige Mittel gegen die Pest, wurden sie so begehrt wie Gold.

Muskat-Nüssen wurde bis ins 17. Jahrhundert auch eine medizinische Wirkung gegen Blähungen und gewöhnlichen Erkältungen nachgesagt.

Kapitän Nathaniel Courthope wurde vom englischen König Jakob I. (James I. 1566 - 1625) mit der "Swan" in geheimer Mission nach Südostasien geschickt, sich des winzigen vulkanischen Atolls Run zu bemächtigen. Dieses knapp 5 km lange und 1 km breite Inselchen konnte bereits über 10 Meilen, bevor man es sehen konnte, gerochen werden. Es war bewaldet nur mit Muskat-Bäumen. Am 23. Dezember erreichte Nathaniel Coulthorpe Run. Er nahm es erfolgreich für England in Besitz, verhandelte mit den Häuptlingen so geschickt, dass der Anspruch Englands einwandfrei dokumentiert wurde. Heute würde man sagen, völkerrechtlich gültig.

Aber die anderen Muskat-Inseln waren im Besitz der holländischen Ost-Asiatischen-Companie und diese strebte auch das Monopol über den Muskat-Handel an. Immer wieder versuchten sie durch Intrigen und blutige Angriffe, Run unter ihre Herrschaft zu bekommen. Fünf Jahre kämpfte Kapitän Nathaniel Courthope mit zuletzt 30 Mann gegen die holländische Übermacht, bis er am 18. Oktober 1620 nach einem Verrat fiel.

Erst 1667 wurden die vielen blutigen Kämpfe um Run durch den Frieden von Breda beigelegt. In dem Friedensvertrag wurde folgender Tausch ausgehandelt: Die Niederlande bekommen endgültig das Muskat-Inselchen Run. Dafür bekam England das mit nicht einmal tausend Holländern besiedelte, von den Eingeborenen "Manna-hatta" genannte, in Nordamerika am Hudson-River gelegene Neu-Amsterdam, das sofort in New York nach dem ursprünglichen Eroberer dieser Siedlung, dem Herzog von York, dem König Karl II. (1630 - 1685), umgetauft wurde.

Grenada, die BIG-NUTMEG-Insel

Die Holländer glaubten nun, das Muskat-Monopol zu besitzen, denn aufgrund ihrer grausamen Ausrottungs-Politik sollten nur auf den Inseln der Banda-Gruppe und sonst nirgends auf der Welt Muskat-Bäume wachsen. Aber am 9. August 1810 eroberte ein kleiner Trupp Engländer unter Kapitän Cole die der Insel Run benachbarte Insel Bandalontar und bemächtigte sich anderer kleiner Banda-Inseln. Diese Streitmacht zog sieben Jahre später wieder ab. Jedoch bevor die letzten Engländer das Inselchen verließen, gruben sie hunderte von jungen Muskat-Bäumchen aus und brachten sie zusammen mit etlichen Tonnen des einzigartigen Mutterbodens nach Ceylon, Pinang, Singapore und Bencoolen auf Sumatra. Später wurden Muskat-Nüsse dann auch in der Karibik, auf der Inselgruppe der Grenadinen angebaut, zuerst 1802 auf St. Vincent. Das ist auch der Grund dafür, dass diese Insel einen Muskat-Zweig mit einer Muskat-Frucht auf einer ihrer Briefmarken zeigt. *(Siehe übernächste Seite).*

Erst 1843 wurden die ersten Muskat-Bäume auf Grenada gesetzt und ab 1865 spielten die Muskat-Produkte von Grenada eine immer stärkere Rolle auf dem Weltmarkt. Für Grenada ist der Export der Muskat-Gewürze so bedeutend, dass man es aller Welt auch zeigen will. Sterne und Kreuze, mehr als reichlich, haben andere Staaten in ihren Flaggen. Grenada aber hat in der Flagge auch zwei Muskat-Früchte.

Die Flagge von Grenada

Das Muskat-Nuss-Restaurant in St. George auf Grenada
(Foto: M. Beckermann)

In der Hauptstadt Grenadas, Saint George, direkt am Hafen, nennt sich ein gutes Restaurant "Nutmeg", dem englischen Wort für Muskat-Nuss. Dort wird als Spezialität des Hauses Rumpunsch angeboten, der aus Limonensaft, Rohrzuckersaft und Rum gemixt wird. Zum Schluß wird reichlich Muskat-Nuss darüber gerieben.

Die Liebe zur Muskat-Frucht oder die Werbung dafür kann auch ausufern, wenn dort z. B. eine Gruß-karte zu Weihnachten ne-ben dem Bibelspruch von Lukas 2,11 "denn heute ist euch der Heiland geboren, welcher ist Christus, der Herr, in der Stadt Davids" nur einen Zweig mit einer bunten Muskat-Frucht zeigt.

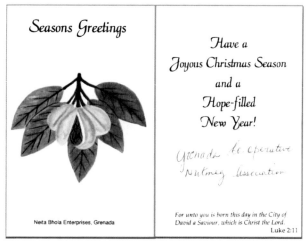

Weihnachtskarte aus Grenada

Gewürz-Geschichte und Geschichten

Noch bevor die Tauschgeschäfte mit der Muskat-Insel Run und der Nelken-Insel Sansibar getätigt wurden, erlebte die europäische Welt einen erheiternden Kauf.

König Karl I. von Spanien (1500 - 1558) der spätere Kaiser Karl der V., trat nämlich durch einen Vertrag vom 22. April 1529 die Ansprüche über die sagenhaften Molukken, die einzigen Muskat- und Nelken-Inseln der Welt, für 350.000 Gulden an die Krone von Portugal ab. Ohne dass, wie der spanische Geschichtsschreiber Antonio de Herrera (1559 - 1625) treffend bemerkte, Karl von Spanien eigentlich wußte, was er verkauft, noch der König von Portugal, was er gekauft hatte.

Nachdem die Kaufsumme an Karl I. von Spanien beglichen war, stellte sich heraus, dass aufgrund der Papstbulle von 1493 (Teilung der Neuen Welt zwischen Spanien und Portugal durch Schiedsspruch von Papst Alexander VI. (1430 - 1503)) die Molukken bereits seit 35 Jahren ausgesprochenes Eigentum der Portugiesen waren.

So haben die Portugiesen 350.000 Gulden bezahlt für das, was sie schon längst besaßen. Diese Kaufsumme soll bisher nicht zurück gezahlt worden sein.

Gewürz-Briefmarken aus St. Vincent

Nicht immer harmlos

Schon in der Antike wusste man Gewürze für kriegerische Zwecke einzusetzen. Der persische Feldherren Dareios III. (380 - 330 v. Chr.) soll seinem Gegner Alexander den Großen (356 - 323 v. Chr.) eine ungewöhnliche Kampfansage geschickt haben: Einen Sack mit Sesam-Samen. Die unzählbar vielen kleinen Körner sollten seine umfangreiche Truppenstärke darstellen. Alexander der Große antwortete mit einem kleineren Sack mit Senf-Samen. Obwohl der Sack kleiner war, sollte er zeigen, dass Alexanders Soldaten viel schärfer, also aggressiver, sind und mit kleinerer Anzahl den Sieg erkämpfen werden.

1753 erschien ein Ratgeber, der "Land- und Bauersmann" mit diversen sicheren Mitteln. Das 268. Rezept lautet "Mit jedem Gewehr dreymal weiter zu schiessen, als ordinair". Dazu nehme man ein Pfund Pulver, verteile es auf einem Brett, besprengt es mit 6 Lot Kampfer-Spiritus, lässt es halb trocken werden und streue darauf 3 Lot klein gemachten Pfeffers, mische das Pulver und lasse es trocknen. "So wird man zum Exempel mit einer Pistohl auf 200 Schritte die gerade Linie erlangen können."

Aus "Land- und Bauersmann" von 1753

Eine andere Idee hatte Joachim Ringelnatz (1883 - 1934) im Ersten Weltkrieg, nachzulesen in seinem Buch "Mein Leben als Mariner" (1928): "... meine kriegstechnischen Erfindungen, mit denen meine Fantasie sich oft beschäftigte. Von der Pfeffer-Kanone, die vor einem Angriff bei günstigem Wind große Pfeffer-Massen über die feindlichen Schützengräben schleudert."

Die schmerzende Wirkung des Pfeffers auf Augen und Schleimhäute wurde schon früher als Waffe genutzt. So stellten in Japan Handwerker aus Elfenbein oder Holz dekorative sogenannte "Pfeffer-Bläser" her. Mit diesen

Geräten konnte fein zerstoßener Pfeffer einem Angreifer ins Gesicht ge-
blasen werden. Dieser nur vorübergehend gefährlichen Waffe bediente
sich auch die Polizei, wenn sie betrunkene, ihr aber dennoch überlegene
Samureikämpfer kampfunfähig zu machen und festzunehmen hatte.

Mit einer erheblich gefährlicheren Waffe wurde im 30-jährigen Krieg eine
Kampfunfähigkeit erzielt: Kugeln mit drei Löchern für Zünder wurden mit feinem Schießpulver aus Schwefel, Salpeter, Holzkohle, Euphorbium, Ätzkalk,
Pfeffer und Weinrebenasche gefüllt. Dann wurde diese Kugel mit Pfeffer
bestreut, mit geschmolzenem Schwefel bedeckt und kurz vor dem Abschuß
vorsichtig in gekörntem Schießpulver gerollt und schnell abgeschossen.
Diese schreckenerregende Mischung sollte die Schleimhäute so stark ver-
letzt haben, dass die Gegner sogar lang andauernde Verletzungen davon-
trugen. Wenn jetzt immer wieder von "Pfeffer-Spray" oder "Pfeffer-Munition"
berichtet wird, hat dieses nichts mit Pfeffer zu tun, sondern mit dem noch
schärferen Wirkstoff der Chillies bzw. Cayenne-Pfeffer, dem Capsaicin.

Und diese Idee ist auch nicht neu. Unter der Überschrift: "Die Waffe des
Hotzenplotz" berichtet dpa aus München: "Der Räuber Hotzenplotz re-
klamiert das Urheberrecht an dem neuerdings von der Bayrischen Polizei eingesetzten Pfeffer-Spray für sich. Die Nahkampfwaffe gehe auf die
von ihm erfundene Pfeffer-Pistole zurück, schrieb Hotzenplotz in einem
von seinem Erfinder, dem Kinderbuchautor Otfried Preußler, überbrach-
ten Brief an den bayrischen Innenminister Günther Beckstein (CSU). Daher solle das Spray den Namen "Hotzwaff" tragen.

Mit der nachfolgenden Nachricht "Pfeffer als Tatwaffe" geraten wir schon in
die Abteilung Schmuggel und Verbrechen: " 'Pfeffer ist eine Tatwaffe', so
entschied am Dienstag die Große Strafkammer des Hamburger Landge-
richts. Sie verurteilte den 40-jährigen Maschinenschlosser Gotthold M. wegen versuchten schweren Raubes zu zwei Jahren Gefängnis. Der Maschinenschlosser hatte im November letzten Jahres den Geschäftsführer eines
Selbstbedienungsladens in Harburg überfallen und ihn durch gemahlenen
Pfeffer, den er ihm ins Gesicht warf, überwältigt. Dem Überfallenen entwen-
dete er eine Geldbombe mit 14.000 Mark. Die Tatwaffe, zwei Tüten Pfeffer,
wurde eingezogen." (HAMBURGER ABENDBLATT vom 5. April 1967).

Man kann es also nachlesen:
Pfeffer als gesetzlich anerkannte Tatwaffe. Von den viel schärferen Chillies steht dort allerdings nichts. Wer einem anderen Pfeffer in die Augen streut, kann sich nach § 223a Strafgesetzbuch strafbar machen.

Aus der Sammlung Georg Schulz

Zwischen Schmuggel und Verbrechen

"Deinen Safran hast du in Venedig eingesackt
und hast Rindfleisch druntergehackt
und mischt unter Nelken Brot
und gibst für Lorbeer hin Ziegenkot."

Dieser Spruch aus einem Nürnberger Fastnachtsspiel eines Zeitgenossen von Hans Sachs war seinerzeit schon übertrieben. Verfälschungen kommen jetzt nur sehr selten und ausnahmsweise vor.

Nur früher wurde mit Fälschern anders umgegangen: Nürnberg galt im Mittelalter als der bedeutendste europäische Gewürzhandelsplatz nördlich der Alpen. Aus jener Zeit berichten alte Chroniken, dass Jobst Findeker, ein Bürger Nürnbergs, im Jahre 1444 am Montag nach St. Jakobstag zusammen mit seinem verfälschten Safran auf dem Scheiterhaufen verbrannt wurde und "sein Weib hat über den Rhein zu ziehen schwören müssen".

Selbst diese grausame Strafe verhinderte nicht das weitere Verfälschen von Safran. Vierzehn Jahre später wurden ebenfalls in Nürnberg der Krämer Hannes Kolbell, Nürnberger Bürger, und Lienhard Frey von Thalmässigen mit ihrer gefälschten Ware "lebendig verbrennet". Wegen Beihilfe zur "Safranschmiereri" wurde Else Phragnerin lebendig begraben.

In Leipzig des Mittelalters kontrollierte eine 1469 eingesetzte Kommission aus Ratsherren und Krämern regelmäßig die Märkte. Erwischten Fälschern drohte das "Lebendig-eingegraben-werden" oder das "Augen-ausstechen".

Im Kampf gegen die Verfälschung des Safrans schuf die Stadt Nürnberg 1613 das Schausiegel, ein Siegel mit dem eine vom dortigen Gewürzschauamt beschaute, also kontrollierte, Qualität als echt bestätigt wurde.

Schausiegel der Stadt Nürnberg von 1613

Als Gewürz oder Arznei war Safran früher sehr begehrt und aufgrund seiner mühsamen Erzeugung so wahnsinnig teuer. Auch als Färbemittel für Wollstoffe wurden große Mengen benötigt. Deshalb wurde Safran auch in Mitteleuropa angebaut.

In England, südlich von Cambridge, liegt die Kleinstadt Saffron Walden. In der Gegend um Saffron Walden baute man bereits im 12. Jahrhundert so erfolgreich Safran an, dass sich dort das Gewerbe der Wollfärber ausbreitete und dort auch das Weber-Handwerk florierte. Man erzählte sich, dass ursprünglich ein Pilger auf der Heimwanderung aus dem Heiligen Land ein paar Safranzwiebeln im hohlen Wanderstab nach dort schmuggelte und dort einpflanzte. Deshalb sind drei Safran-Blüten Motiv des Wappens dieser Stadt.

Wappen der Stadt Saffron Walden

Im 17. Jahrhundert konnte man auch in London ein großes Safran-Feld bewundern. Die Straße Saffron Street erinnert jetzt noch daran.

Später verfuhr man in Nürnberg nicht ganz so grausam mit den Betrügern. Sie kamen mit einer Geldstrafe davon. Ihre verfälschte Ware wurde aber weiterhin auf dem Marktplatz vor dem "Schönen Brunnen" verbrannt.

Im alten Persien wurde Safran-Fälschern jeder zweite Finger abgehackt.

Jetzt ist man humaner, zumindest in der Schweiz. Im Wallis wird noch immer Safran angebaut. Wer dort von den Feldern unbefugt Safran pflückt, dem wird eine Buße bis zu 500 Franken angedroht.

Bußandrohung in der Schweiz

Relativ harmlos ist die Geschichte, die ein Heiliger "verbrochen" hat: Als Sankt Benda, der als "Vater der englischen Kirchengeschichte" verehrt wird, im Jahre 735 in der Abtei zu Jarrow im Sterben lag, übergab er heimlich seinen Schülern seinen einzigen privaten Besitz, ein kleines Säckchen mit Pfeffer. Schon der Besitz dieses Pfeffers verstieß gegen das Verbot des Heiligen Benedikt; die Benediktus Regel, Kapitel 33: "Keiner darf sich herausnehmen, ohne Erlaubnis des Abtes etwas zu verschenken oder anzunehmen oder etwas als Eigentum zu besitzen, durchaus nichts: kein Buch, keine Schreibtafeln, keinen Griffel, überhaupt gar nichts."

Der Schmuggel der Safran-Zwiebel von Saffron Walden, war harmlos gegen den staatlichen sanktionierten Schmuggel des Pierre Poivre (1719 - 1786). Dieser Franzose, der eigentlich Missionar und Maler werden wollte, wurde nach abenteuerlichen Reisen durch Südostasien zu einem Gewürz-Pflanzen-Schmuggler und letztendlich zu einem anerkannten Agrobotaniker. Der französische Gouverneur der Maskaren, Mahé de la Bourbonnais, beauftragte ihn mit der "Colombe" von den unter holländischer Herrschaft stehenden Banda- und Ambon-Inseln Setzlinge von Muskat- und Nelken-Bäumen zu beschaffen. Das war lebensgefährlich, weil die Holländer zur

Wahrung ihres Gewürz-Monopols derartigen Schmuggel mit der Todesstrafe ahndeten. Er musste also den Holländern entwischen, Seeräubern trotzen und eine Meuterei niederschlagen, bis er endlich seine Beute, Pfeffer-Sträucher, Zimt- und Nelken-Bäumchen sowie andere exotische Gewächse, auf der Insel Mauritius erfolgreich anpflanzen konnte. 10 Jahre später wurde er erneut mit einer ebenso riskanten Schmuggelei beauftragt, wozu man ihm, der inzwischen Intendant des französischen Gouverneurs dieser Inseln geworden war, die beiden Schiffe "Le

Das Denkmal des "PierrePoivre" in Victoria auf Mahé, der Hauptstadt der Seychellen. Foto: Edith Grümmer-Pfister

Vigilant" und "L'Etoile du Martin" zur Verfügung stellte. Erfolgreich kehrte er mit 400 Muskat-Bäumchen, 10.000 reifen Muskat-Früchten und 70 Nelken-Bäumchen nach Mauritius zurück. Damit begann der Gewürz-Anbau von den Seychellen-Inseln bis nach Madagaskar. Pierre Poivre setzte man in Victoria, der Hauptstadt der Seychellen, ein Denkmal. Die Inschrift des Sockels würdigt ausdrücklich diese Taten.

Mit dem, was von den früheren Kolonialmächten Portugal, Spanien, Holland und England zur Erringung und Durchsetzung von weltweiten Gewürz-Monopolen geschehen ist, wären die jetzigen Kriegsverbrecher-Tribunale vollkommen überlastet gewesen.

Als Beispiel nur ein Blutbad der Gewürze wegen, das auf der kleinen Muskat-Insel Banda-Neira angerichtet wurde: Im dortigen "Rumah Budaya", dem "Haus der Kultur" hängt ein schockierendes Bild, das die mörderischen Machenschaften der Holländer um das Muskat-Monopol veranschaulicht:
Am 8. Mai 1621 ließ der 31-jährige Generalgouverneur Jan Pieterszoon Coen (1587 - 1629) von der "Vereenigte Oostindische Compagnie" ein grausames Gemetzel anrichten. Nur auf der Insel Banda-Neira durften Muskat-Nüsse angebaut werden, die auch nur an die Holländer zu liefern waren. Da sich 44 Dorfälteste und Häuptlinge gegen diese Ausbeutung wandten und sich nicht an das Ausfuhrverbot hielten, wurden sie brutal hingerichtet. Japanische Söldner in holländischen Diensten haben sie zuerst geköpft, dann geviertteilt und dann die Köpfe auf Bambuslanzen aufgespießt und ausgestellt.

Weil Gewürze früher so sehr wertvoll waren, reizte es immer wieder, diese zu verfälschen. So wurde 1761 in Coburg von Georg Paul Hoenn ein "Betrugs-Lexicon, worinnen die meisten Betruegeryen in allen Staenden, nebst denen darwider guten Teils dienenden Mitteln", herausgebracht. Da heißt es von den Warenkaufleuten, "Materialisten betrügen":, zum Beispiel:

1) Wenn sie aus gantzen Zimmet und ungestossenen Naegeleien die Essenz auskochen, solche trocknen und mit einem Liquore faerben, dann in einer Kiste, wo zuvor Zimmet und Naegelein gelegen, damit sie wieder einen Geruch bekommen, legen, etwas frisches darunter mischen, und es solcher Gestalt miteinander an den Mann zu bringen suchen.

2) Wenn sie unter gestossenen Pfeffer faul Holtz oder das Pulver von scharfen Wurzeln thun.

3) Wenn sie unter den zerstossenen Ingwer zerstossene Erbsen mengen.

Auch im 21. Jahrhundert gibt es noch Piraten, Seeräuber, die sich statt für Gold und Silber für Pfeffer interessieren: Am 15. März 2001 verließ die MS "Inabukwa" den Hafen von Pangkalpinang auf der Sumatra vorgelagerten Insel Bangka. Von dieser Insel kommt der weiße Muntok Pfeffer. Die MS "Inabukwa" war mit 700 tons weißem Pfeffer beladen und sollte diesen nach Singapore bringen. Noch am gleichen Tage wurde dieses Schiff auf See von Piraten überfallen. Die 22 Mann Besatzung und ihr Kapitän wurden gefangen genommen und auf einer einsamen Insel ausgesetzt. Die Alarmierung der Internationalen Handelskammer ging auch an die Hafenbehörden der Philippinen. Diese fanden das Schiff am 25. März mit der kompletten Pfeffer-Ladung und konnten es von den Piraten zurück bekommen. Die Piraten hatten den Namen inzwischen übermalt und durch "Chungsin" ersetzt. Nach Verhandlungen mit Indonesien konnte das Schiff zwei Wochen später nach Indonesien heimreisen.

Von der wohl schärfsten Bande Asiens berichtete die BILD-Zeitung am 30. Mai 1996: Diese Gangster, so wird aus Singapur berichtet, verzichteten bei ihren Überfällen auf die sonst üblichen Waffen. Sie warfen zwei Geschäftsleuten rotes, scharfes Chillies-Pulver in die Augen. Da dies furchtbar brennt und die Überfallenen zu erblinden glaubten, dauerte es einige Zeit, bis sie wieder zu sich kamen. Da waren ihre Koffer mit Bargeld im Wert von DM 27.000 und wertvollem Schmuck verschwunden.

Ja, und wenn ein Verbrecher endlich im Gefängnis sitzt, kann die Strafe auch noch so verschärft werden: Nach einem älteren Bericht von Heinz-Jörg Behrens in der BILD-Zeitung hat das peruanische Innenministerium Chillies in den Gefängnisküchen verboten, weil sie lustig und lüstern machen, indem sie körpereigene Opiate ausschütten.

Und dpa berichtet im September 1987 aus Hannover: "Der Sprengstoff, mit dem am vergangenen Dienstag fünf Häftlinge ihre Freilassung aus dem Gefängnis erpressen wollten, war eine harmlose Gewürzmischung. Das stellten die Experten des Landeskriminalamtes nach einer zweitägigen Untersuchung fest."

Grausam und schaurig

Auf Yucatan, dem südlichen Teil von Mexico, einer Heimat der Chillies, bestrafte man ungezogene Kinder, indem man sie den Rauch von brennenden Chillies einatmen ließ. Dieser beißende Rauch geht schmerzhaft in die Lunge.

Die im 15. und 16. Jahrhundert auf den indonesischen Inseln herrschenden Holländer führten dort ein äußerst strenges Regiment über die von Madagaskar herbeigeschafften Sklaven. So ist nachzulesen in "Die Reise nach Batavia" von Peter Kirsch (1994): "Die Delinquenten stehen an Pfählen in der unbarmherzigen Sonne. Ihre Arme sind mit Stricken hochgezogen, die Hüften und Beine festgebunden. Die Geißeln, eine Elle lang (ca. 56 cm), bestehen aus scharfkantigem Rattan, das sonst zum Korbflechten benutzt wird. Kannen mit Wasser, in das eine gehörige Portion gestoßener Pfeffer hineingerührt ist, stehen bereit. Auf Vogels Befehl beginnen die Sklaven, die dazu abkommandiert sind, die Delinquenten über die Hüften zu peitschen, bis die gequälte Haut reißt und das Blut fließt. Die Geschlagenen schreien nicht ... . Doch als sie nach dem Ende der Prügel losgebunden werden, reibt man ihre Wunden mit dem gepfefferten Inhalt der Kannen ein ... welches wie leicht zu ermessen, heftig schmerzet ... ."

Im "Decamerone" von Giovanni Boccaccio (1313 - 1375) löst sich das Grausen in makabre Zärtlichkeit auf. Zwei Brüder wachten eifersüchtig über die Tugend ihrer Schwester. Sie deckten eine Liebschaft auf und ermordeten ihren Liebsten. Die Leiche ließen sie nachts im Wald liegen. Im Traum erschien der Schwester der ermordete Geliebte und zeigte ihr den Platz, an dem er umgebracht wurde. Mit einer Vertrauten ging sie mit einem Korb und einem großen Messer zum Tatort. Weinend schnittt sie den Kopf vom Körper ihres Geliebten und nahm den Kopf mit nach Haus. Den Kopf begrub sie in einem großen Blumentopf und pflanzte reichlich Basilikum darüber. Täglich hockte sie vor ihrem Basilikum und nässte ihn mit ihren Tränen. Sie starb vor Kummer, als die bösen Brüder ihr eines Tages den Basilikumtopf wegnahmen.

"Entdeckt! Das blutrünstigste Volk der Welt.
Sie kochen Menschenköpfe in Ingwer und Chili"

BILD, 14.09.2002

Unter dieser Überschrift berichtete BILD am 14. September 2002 aus Indien: "An einem nebligen Herbstmorgen ziehen 600 junge Männer vom Stamm der Konyaks ins Dorf ihrer Feinde. Blut tropft von ihren Macheten, als sie zurückkehren. Sie bringen 28 Schädel als Trophäen mit, auch den Kopf einer jungen Frau." ...

"Sie kochen die Schädel in Chili, Ingwer und Salz, bevor sie sie auf Steinsäulen ausstellen und trocknen." Warum? "Das ist Tradition. Jugendliche Krieger werden erst durch die Enthauptung eines Gegners richtige Männer."

DER SPIEGEL 44/2001 berichtete: Der Großvater des jetzigen indonesischen Gotteskriegers Handriansyah, ein Mullah, griff sich den Enkel, sobald er nur die kleinste Kleinigkeit falsch gemacht hatte und rieb ihm rotbraunes Chillies-Pulver mit einer raschen Bewegung in die Augen. Der Junge flennte, röchelte und stolperte wie blind umher. Noch stundenlang brannten und juckten seine Augen: "Aber es war eine sehr gute Strafe, denn nur durch den Schmerz habe ich meine innere Disziplin gelernt."

Übrigens: ... Es gibt auch ein erfreuliches Urteil: Amerikanische Knoblauch-Liebhaber erzählen gern von folgendem Gerichtsurteil: Ein Restaurant wurde von Knoblauch-Hassern bedroht, weil es so überaus großzügig mit dem Knoblauch umging und für die Umgebung eine Geruchsbelästigung darstellte. Küchengerüche und speziell der Geruch von Knoblauch sei ein Segen für die Zivilisation, befand das Gericht.

Sogar tödlich

Senf, Mostrich, ist auch in Skandinavien ein sehr beliebtes Würzmittel. Eine frühe unangenehme Bekanntschaft mit diesem Senfbrei war für die Norweger äußerst unangenehm. Nachdem diese Wikinger die englische Insel Isle of Man erobert hatten, erfuhren sie im Jahre 1234, dass sich die Bevölkerung der Orkney-Inseln den dort herrschenden norwegischen Fürsten entziehen wollten. Sie entdeckten bei einer dann folgenden Strafaktion zu spät, dass ein anderer Herrscher, der Earl of Conway, dort bereits mit seinen Mannen gelandet war. Dieser konnte die Norweger besiegen, nahm sie gefangen und brachte sie später auf eine in der Geschichte bisher einmalige Art ums Leben. Er steckte sie kopfüber in mit Senf gefüllte Fässer, in denen sie dann elendig starben.

Am 14. Dezember 1652 ereignete sich ein trauriger Fall auf der Karavelle "Princes Royal", welche vor Batavia - dem jetzigen Djakarta - auf Reede lag. Der Deutsche Johann Jakob Merklein (1620 - 1700), Chirurg und Barbier auf diesem Schiff, berichtete darüber:
Einem Besatzungsmitglied wurde befohlen, aus der ganz unten im Schiff befindlichen Pulverkammer etwas zu holen. "Nun war das hinder Theil des Schiffs mit Negelein, Muscatnüssen, und Blüthe, auch anderen riechenden Specereien, geladen. Als demnach gemeldete Person hinunter stiege ... wurde sie vom starken Geruch der Specereien also befangen, dass sie keinen Athem mehr holen kunte sondern erstikken muste. Ein anderer wollte sehen, wo der erste so lange bliebe; stieg ihme nach, und muste auch bleiben. Als man diesem zurief, und er auch keine Antwort gab ... derohalben wurde noch einer mit einem Seil um den Leib gebunden, hinunter gelassen, zu sehen ob sie lebend oder todt wären; in Meinung, ihn alsbald mit dem Seil wieder herauf zu ziehen ... dieweil ihme alls Kräfte alsobald entgiengen, schlupfte er mit den Armen hindurch, und blieb auch todt liegen. Das Schiff wurde dann gelüftet. Des anderen Tags wurden sie alle drey herauf gezogen, und ehrlich begraben."

In dem im Jahr 1766 gedruckten "Speiß-Meister oder Nutzlicher Unterricht von Essen und Trinken" warnt so der Benediktiner-Mönch Odilone

Schreger vor dem Safran: "Safran andererseits sollte man nicht zuviel gebrauchen, indem dass der übermäßige Safrangebrauch den Menschen zum stetigen Lachen beweget, und, wie die Medici vorgeben, dermaßen fröhlich mache, dass er aus lauter Freud dahinsterbe."

Die WELT AM SONNTAG berichtete am 15. März 1987 aus Clayton:
Ein fünf Monate altes Kind in Amerika weinte und wollte sich nicht beruhigen lassen. Da nahm die Mutter Pfeffer und schüttete ihn in den Mund des Kindes. Das Kind erstickte. Vor Gericht versuchte sich die Frau zu verteidigen: "Ich gab ihm den Pfeffer, damit er nicht mehr am Daumen lutschen sollte und seine Zähne schief wachsen." Das Urteil: Fünf Jahre wegen Totschlags.

Mit der Schlagzeile "Japanerin wegen Massenvergiftung zum Tode verurteilt" berichtet dpa am 11. Dezember 2002 aus Tokio:
In einem spektakulären Prozess um eine tödliche Massenvergiftung bei einem Sommerfest ist am Mittwoch eine 41-jährige Japanerin zum Tode verurteilt worden. Das Gericht befand Frau Masumi Hayashi für schuldig, zwei Erwachsene und zwei Kinder mit einem arsenvergiftetem Curry-Eintopf umgebracht zu haben.

Brennende Bonbons

"Eine Muskatnuss ist gut für dich,
die zweite wird dir Schaden zufügen,
und die dritte wird dich umbringen."

Mittelalterlicher Lehrsatz der italienischen Medizinschule von Salerno

*Tabasco wird in den USA nicht nur in Soßenform,
sondern auch in Form kleiner roter Dragees
in der klassischen Glasflasche vertrieben.*

Tabasco gibt es in den USA auch fest und komprimiert - zum Lutschen nur bedingt zu empfehlen.

Wo wächst er denn?

Aus dem Buch "Die Sagen der Juden" können wir weiter zitieren: "Sogar der Pfeffer wurde von Salomo im Land gepflanzt. Jawohl, denn Salomo war weise, und in seiner Weisheit erkannte er das Wesen jeder Pflanze und wußte den Boden zu finden, der für ihr Wachstum geeignet war." Wie gesagt, eine Sage. Vermutlich wußte auch er nicht, wo der Pfeffer wächst.

Als Titus Flavius Vespasianus (9 - 79 n. Chr.) vom römischen Hofe verbannt wurde, fragte er seinen Kammerherrn um Rat, was er nun tun solle und wohin er sich wenden solle. "Geh hin, wo der Pfeffer wächst", fuhr ihn ein Höfling hochmütig an und wies ihm die Tür. Nachdem Vespasian im Jahre 69 n. Chr. Kaiser geworden war, erschien der Kammerherr zitternd und zagend, um ihn unter Tränen um Verzeihung zu bitten. Vespasianus hörte sich das Gezeter eine Zeit lang an. Dann kehrte er dem Jämmerling den Rücken: "Freund, spar deine Worte, jetzt kannst du dahin gehen, wo der Pfeffer wächst." Zu jener Zeit bekamen die Römer ihren Pfeffer von den arabischen Händlern und wußten wirklich noch nicht, wo er wächst. Diese Redewendung bedeutete lediglich nur "irgendwie weit weg", so wie wir heute jemanden, der uns die Freude am Leben vergällt, "auf den Mond schießen" oder "in die Wüste schicken" möchten.

Im zweiten Jahrhundert war der Sophist Flavios Philostratos noch der Meinung, dass der Pfeffer von Affen geerntet wird. Soweit bekannt ist, bezeichnete der ägyptische Kaufmann und Seefahrer Kosmas Indikopleustes (um 525) zuerst die Westküste Südindiens als das Land, wo der Pfeffer wächst. Auch die Perser meinten Indien als Heimat des Pfeffers mit ihrem Sprichort "Pfeffer nach Hindustan tragen".

Und der im 7. Jahrhundert lebende Isidor von Sevilla schreibt in seinem 17. Buch: "Pfeffer ist der Samen oder die Frucht eines Strauches, der im südlichen Kaukasusgebirge in großer Sonnenhitze wächst. Die Blätter dieses Strauches ähneln denen des Wacholderbusches. Schlangen bewachen die Stätte, an der er gedeiht. Wenn der Pfeffer reif ist, entzünden die Leute, die ihn ernten wollen, Feuer, um diese Schlangen zu vertreiben. Dadurch wird auch der Pfeffer geröstet und dadurch auch schwarz. Von Natur aus ist er nämlich weiß." Man wußte noch nicht, dass die grünen, unreifen Pfeffer-Beeren in der Sonne getrocknet, den schwarzen Pfeffer ergeben. Sind die gleichen Beeren aber ausgereift und rot, wird ihnen das Fruchtfleisch durch einen Fermentationsprozess abgewaschen. Das ergibt nach dem Trocknen weißen Pfeffer. Der jetzt so beliebte grüne Pfeffer sind die unreifen Beeren, die entweder künstlich getrocknet oder in Lake konserviert werden.

Als Georg Kreisler, der berühmte Wiener Kabarettist in den 80er Jahren, sein Lied "Wo der Pfeffer wächst" sang, verriet er durch seinen Text auch nicht die Herkunft des Pfeffers. Das gleiche gilt für die aggressive Grooverock-Gruppe "Pfeffer". Wie die SÜDDEUTSCHE ZEITUNG am 11.1.99 schrieb, "... verstand "Pfeffer" es, den Nerv des Publikums zu treffen ...". Aber mit ihrem Song "where the pepper grows" gaben sie auch keine Antwort, wo er denn wächst.

Pfeffer-Rispe
Foto: Georg Schulz

Es gibt zwei Bücher mit dem gleichen Titel: "Wo der Pfeffer wächst".
Aus dem ersten im Verlag Mensch und Arbeit 1974 erschienen, können wir noch lernen: "Im frühen Mittelalter ... auf Ceylon und vor Malabar, in Java und Madagaskar drängten sich die Pfeffer-Schiffe." Das ist nicht viel bei diesem Titel. Im zweiten Buch "Wo der Pfeffer wächst" mit dem anspruchsvollen Untertitel "Ein Lexikon zur Kulturgeschichte der Gewürze" von Hansjörg Küster (1987) steht lediglich, dass die Pfeffer-Pflanze im tropischen Indien zu Hause ist, wahrscheinlich vor allem an der südwestlichen Malabarküste. Auch mit diesem Titel wurde zuviel versprochen. Ein anderes "Lexikon der Küchen- und Gewürz-Kräuter", das aus dem Tschechischen übersetzt wurde und 1977 in deutsch erschien, weiß ein wenig mehr. An letzter Stelle der Aufzählung, der oben bereits genannten Herkunftsländer erscheint auch Brasilien. Die Autoren dieser Bücher haben, indem sie nur von älteren Büchern ihr Wissen abschrieben, verschlafen, dass inzwischen Brasilien und Vietnam zu den größten

Pfeffer-Exporteuren gehören. Im Jahre 2003 soll Vietnam sogar alle anderen Länder überholt haben.

Wenn im Mittelalter "kaukasischer" Pfeffer im Handel war, bedeutete das nur, dass der Pfeffer auf dem Landweg über die Ausläufer des Kaukasus gebracht wurde, über die türkische Stadt Trapezund am Schwarzen Meer und auf dem weiteren Seeweg nach Europa kam.

Noch verwirrender ist, dass im "Preis-Courant der Wahren in Partheyen" vom 25. Mai 1736, also einer vor 267 Jahren in Hamburg erschienenen Preisliste "Pfeffer, dänischer ..." genannt wird. Wieso das? Ja, auch Dänemark versuchte sich eine Scheibe vom einträglichen Geschäft mit Kolonialwaren zu sichern. Auf Veranlassung von König Christian IV. wurde 1616 die Dänische Ostindische Handelsgesellschaft gegründet. 1620 gelang es dem dänischen Admiral Gjedde, den Hafen Tran-

Preis-Courant der Wahren in Partheyen
vom 25. Mai 1736

quebar an der Südostküste Indiens zu pachten. Der Vertrag hierüber soll auf einem Blatt aus reinem Gold geschrieben worden sein. Von dort kam der Pfeffer, der dann von Dänemark aus in Europa angeboten wurde. Die Dänen hatten damals sogar geplant, über das Hafenstädtchen Aeroesköbing auf der Insel Aeroe den gesamten Ostseeraum zu versorgen.

Übrigens: ... Seit kurzem hat Dänemark auch eine "Pfeffer-Insel". "Peberholmen" heißt eine für die Öresund-Querung künstlich aufgeschüttete Insel. Aber warum dieser Name? Seit eh und je heißt eine kleine benachbarte natürliche Insel "Salz-Insel", "Saltholmen". Und Salz und Pfeffer gehören eben immer zusammen.

Dazu paßt diese nette Anekdote über den deutschen Außenminister Joschka Fischer: Im Jahr 2000 hatte das österreichische Boulevardblatt KRONEN ZEITUNG, das zu Fischers schärfsten Kritikern gehört, den Grünen-Politiker dorthin gewünscht, "wo der Pfeffer wächst". Als Fischer dann im Herbst Indonesien besuchte, sandte er dieser Zeitung eine Postkarte und mehrere Pfeffer-Säckchen mit der Bemerkung; "Vielleicht macht das in Zukunft ihre Kommentare etwas feuriger".

Und so könnte eine Quiz-Frage lauten: "Welche Bedeutung hatte der Japaner Makinosuke Ussui für den brasilianischen Pfeffer-Anbau?" Also das war so: Im Jahre 1933 führte Makinosuke Ussui eine Gruppe japanischer Emigranten nach Brasilien. Sie fuhren mit dem Schiff "Hawaii Maru". Vor der Küste von Singapur starb plötzlich eine sechzigjährige Passagierin. Der "Hawaii Maru" wurde gestattet, in den Hafen von Singapur einzulaufen, damit die verstorbene Japanerin eingeäschert werden konnte. Dazu durften ein Mannschaftsmitglied und Makinosuke Ussui an Land. Auf dem Weg zurück zum Hafen kam Makinosuke Ussui zufällig durch eine enge Straße, wo Pfeffer-Pflanzen zu kaufen waren. Er kaufte 20 Pflanzen und kehrte damit an Bord zurück. Mit diesen Pfeffer-Pflanzen aus Singapur war Makinosuke Ussui der Erste, der Pfeffer in Brasilien pflanzte. Es ist auch der Name der Farm bekannt, wo dieser Pfeffer angepflanzt wurde. Zwei Jahre später musste diese Farm aufgegeben werden. Es waren nur noch drei einsame Pflanzen übrig. Diese brachten die Japaner Tomoji Kato und Kaji Saito auf eine andere Farm. Und bereits nach 5 weiteren Jahren, also 1940, wuchsen in Tomé-Acu 1.400 Pfeffer-Pflanzen.

Pfeffer als ...

... fast universelles Heilmittel.

Zum Beispiel nur auszugsweise zitiert aus dem Kräuterbuch von Matthiolo von 1626: "Pfeffer sterckt den kranken Magen, und fördert seine Dauung. Vertreibt die Winde und Bläste. Macht lust zum essen. Treibt den Harn, zertheilet und unterdrückt alles, was das Gesicht verfinstert. Der Pfeffer ist auch dienstlich wider den Schlangenbiß. Fördert die Frucht aus dem Mutterleibe. benimpt den kalten Husten, und er trennt den Schleim, so sich umb die Brust gesammlet hat. Pfefferkörner gestossen, und gebraten Knoblauch zusammen gemischt, und eingenommen, stillet das Grimmen im Leibe. Pfeffer ist den Zänen und dem Zanfleisch nützlich, denn er verzehrt alle böse Fechtung darinne und bewaret er für die Fäule. Bessert den übelriechenden Athem. Pfeffer mit Pech vermischt, und Pflasterweise ubergelegt, verzehrt die Kröpfe und alle harten Knollen."

... Folterinstrument.

Aus dem Land, wo wirklich der Pfeffer wächst, aus Indien, wird berichtet, dass in alten Zeiten die Auskunftsfreudigkeit und der Wunsch, Zugeständnisse zu machen, bei den Opfern zunahm, wenn man ihnen Pfeffer in die Augen streute.

... Mitgift.

König Emanuel I. von Portugal (1495 - 1521), der auch Vasco da Gama (1460 - 1524) auf Entdeckungsfahrt schickte, schlug Karl V. (1500 - 1558) als Mitgift für die Infantin Isabella 30.000 Zentner Pfeffer vor, zu zahlen in drei Jahresraten von je 10.000 Zentnern. Dieses "Geschäft" kam nicht zustande, die Ehe wurde zwar geschlossen, aber erst sieben Jahre später, ohne Pfeffer. Es ergab sich daraus 1580 eine Verbindung Portugals zu Spanien.

... gern gefälschter Artikel.

Plinius (245 - 279 n. Chr.) schreibt dazu: "Verfälscht wird er mit Wacholderbeeren, die ihm eigenartigerweise im Geschmack ähnlich sind.

Manchmal wird sein Gewicht durch schwere Beimengungen gefälscht." Oder wie es im Kräuterbuch aus dem Jahre 1626 heißt: "Man felschet auch den Pfeffer, aber diesen Betrug erkennet man, so man die Körner in Wasser legt, denn der gemachte oder falsche Pfeffer zergehet, nach dem er weych worden, aber der rechte natürliche bleibt gantz". Aber "nachgemachter" Pfeffer wurde sogar auch mal vom Staat gewünscht und so wurde im zweiten Weltkrieg einer Hamburger Gewürzmühle am 3. März 1943 folgendes Rezept für "Pfeffer-Ersatz" genehmigt: 50 kg Haferschalen-Mehl + 50 kg gemahlenes Dill-Stroh + 40 kg Paprika-Fruchtstengel-Pulver + 1/2 kg Sellerie-Öl.

Antrag auf Preis- und Herstellungsgenehmigung für Pfeffer-Ersatz vom 03. März 1943

... Durstmacher.
Im 16. Jahrhundert war es bei sehr reichen Zechern nicht ungewöhnlich, dass sie Pfeffer kauten, um ihren Durst auf Wein zu steigern.

... Kirchensteuer.
Aus einer Urkunde aus dem Jahr 716 geht hervor, dass das Kloster Korbie an der Somme die Abgabe von 30 Pfund Pfeffer als Steuer bestätigt.

... dem Golde gleichwertig.
Nachdem Gaius Gallius (68 v. Chr. - 20 v. Cr.) mit seinem Heer scheiterte, Arabien und die Gewürz-Länder zu kolonialisieren, wurde in Rom der Pfeffer so knapp, dass die Pfefferkörner mit Gold aufgewogen wurden. Nicht nur die Prasserei war ein Grund dafür. Die größte Stadt der Welt hatte Schwierigkeiten, ausreichend frische Lebensmittel zu bekommen und mit scharfem Pfeffer konnte der Hautgout nicht mehr ganz so frischer Speisen überdeckt werden.

... Gefahr für Astronauten.
Wie einem dpa-Bericht vom 14. November 2002 über die ISS-Raumstation zu entnehmen ist: "... während die Mahlzeiten zusätzlich mit flüssigem Salz oder Pfeffer gewürzt werden können. Dies aus Sicherheitsgründen, denn die Salz- oder Pfeffer-Körner könnten sich selbständig machen und die Luftfilter oder andere empfindliche Geräte außer Betrieb setzen."

... Statussymbol im Mittelalter.
Beim Hochzeitsmahl Karl des Kühnen (1432 - 1477), Herzog von Burgund, verbrauchte man 380 Pfund Pfeffer. Ein Teilnehmer schrieb auf "daz ezzen war gout weil wole gepfeffert".
Bei den täglichen Mahlzeiten hatten nur Könige und Königinnen das Privileg, ein eigenes Pfeffer-Faß vor sich stehen zu haben. Schon die Prinzen und Prinzessinnen hatten nur noch einen Salznapf vor ihrem Teller.

... Zoll.
Hiermit wird nicht gesagt, dass der Pfeffer mit Zoll belegt wurde. Das wäre nicht ungewöhnlich. Nein, der Zoll mußte mit Pfeffer statt mit barer Münze bezahlt werden. In Alexandria kassierten die Römer im Jahre 176 n. Chr. nur für den Transit-Handel exotischer Artikel einen in Pfeffer zahlbaren Zoll. Das Tor, durch das diese Waren verbracht wurden, hieß das Pfeffer-Tor. Ebenso ist überliefert, dass der Merowingerkönig Christian I. (560 - 584) im Franken-Reich einen in Pfeffer zu zahlenden Zoll erheben ließ.

... Gefahr für den Staatshaushalt.
Als der Pfeffer-Verbrauch des Römischen Reiches ins Unvorstellbare wuchs, wurde Kritik laut, dass der römische Staatshaushalt wegen der gewaltigen Ausgaben für den Pfeffer in Gefahr gerate.

... Tribut.
Im 5. Jahrhundert war Rom auch nicht mehr das, was es einmal war. Als dann die Westgoten unter Alarich vor Rom erschienen, verlangten sie unter anderem 5.000 Pfund Gold, 30.000 Pfund Silber und 3.000 Pfund Pfeffer. Sie wußten schon um den Wert des Pfeffers.
Ende des 10. Jahrhunderts, als Gewürze noch über Land quer durch Europa an den Kanal gebracht wurden, mussten deutsche Gewürzhändler,

die in England ihre orientalischen Gewürze verkaufen wollten, einen Tribut zahlen. Zu dieser Gebühr für das Gewürz-Handels-Privileg gehörten auch zehn Pfund Pfeffer.

... Gewürz für Apfel-Pfannkuchen und Birnen-Kompott.
Es klingt unglaublich, aber das auf eine der ältesten deutschen Sammlung von Kochrezepten aus dem 14. Jahrhundert zurückzuführende ”Buch von guter spise” sagt, dass zu Apfel-Pfannkuchen der Pfeffer nicht fehlen darf und verlangt Anis und Pfeffer als Gewürz für Birnen-Kompott.

... Grund ”Horoskope” zu erstellen.
Weil der Pfeffer-Preis schon immer stark der Spekulation ausgesetzt war, machten im 15. und 16. Jahrhundert geschäftstüchtige Astrologen mit langfristigen Horoskopen gute Geschäfte. ”Specerey sei eine Handlung, die großer Fürsichtigkeit bedarf”. Und so unterbreitete der Astrologe Christof Kurz dem sehr bedeutenden Nürnberger Kaufmann Leonhard Tucher ein Horoskop, das ihm die Bestimmung der Preise für Pfeffer und andere ”Specerey” auf 14 Tage im voraus ermöglichen sollte. Der heutige, immer noch der Spekulation ausgesetzte, Gewürz-Handel bedauert sehr, dass dieses System nicht mit überliefert wurde.

... Monopol-Objekt.
Dem sagenhaft reichen Nürnberger Kaufmann Endres Imhof gelang um 1520 ein Vertrag mit dem König von Portugal, der ihm auf etliche kommende Jahre das alleinige Ankaufsrecht für den gesamten indischen Pfeffer und Ingwer zusicherte. Dieser Vertrag wurde später angefochten.

... Sold.
Im Jahre 1101 n. Chr. nach der Eroberung der Stadt Caesarea in Palästina bekam jeder Soldat, der siegreich für Genua gekämpft hatte, zwei Pfund Pfeffer als Teil seines Solds.

... im Würz- und Handelswert überschätzter Artikel.
Plinius (24 - 79 n. chr.) schreibt über den Pfeffer: ”Es ist doch eigenartig, dass er derart beliebt wurde. Andere Dinge zeichnen sich durch Süße oder wieder andere durch Schönheit aus. Aber der Pfeffer ist nur beliebt

durch seinen scharfen Geschmack und weil er aus Indien kommt. In Indien wächst er überall wild, bei uns wird er gegen Gold und Silber getauscht."

... "Abschreibungs-Objekt".
1527 mußte Anton Fugger, der gewaltige Augsburger Kaufmann einen Posten von 4.600 spanischen Gold-Dukaten unter dem Titel "Armado per Moluco" abschreiben, weil er sich in der Erwartung eines dicken Profits an einer Flotte zu den Gewürz-Inseln beteiligt hatte, von der aber kein Schiff heimkehrte.

... Mitursache am Schiffsuntergang.
Der Holsteiner Volquard Iversen, Soldat im Dienste der Niederländischen Ostindischen Kompanie, berichtet in seinem Tagebuch von seiner Rückreise nach 5-jährigen Dienst auf den Molukken. Mit der mit Gewürzen tiefbeladenen "Arnheim" verließen sie am 23. Dezember 1661 Batavia, das heutige Jakarta auf Java. Am 11. Februar 1662 auf der Höhe von Madagaskar gerieten sie in ein Unwetter, das dem Schiff so arg zusetzte, das es leck schlug. Die Pumpen fielen aus. Loser Pfeffer hatte sie verstopft. Die "Arnheim" versank und Volquard Iversen konnte sich in einem überfüllten Rettungsboot unter dramatischen Umständen retten.

... ungewöhnliches Konservierungsmittel.
In Säckchen abgefüllt konserviert er den Klosterschatz des Klosters Lüne. Die Pfeffer-Säckchen wurden mit eingerollt in die prachtvollen Bildteppiche, an denen zwischen 1492 und 1508 sieben Benediktinerinnen gearbeitet hatten.

Pfeffersäcke konservieren den alten Klosterschatz

„Wir müssen die Laken und Teppiche sowieso einmal im Jahr zur Kontrolle aus den Truhen herausholen." Einmal, aber nicht öfter: „Ist es nicht wundervoll, wie frisch die Naturfarben nach fast fünfhundert Jahren noch sind?" – Man kann nur zustimmen, und erfährt auch das „Geheimnis" der Konservierung: Pfeffersäckchen werden mit eingerollt; die Säure des Eichenholzes der Truhen tut ein übriges.

Äbtissin Liesel Gössling mit einem der Teppiche

HAMBURGER ABENDBLATT, 18./19. August 1984

... Schatz.
Nach einer dpa-Meldung vom August 1999 hat ein Archäologen-Team der Universitäten Leiden und Delawar bei den seit 1994 laufenden Ausgrabungen in der Ruinen-

stadt Berenike am Roten Meer ein Tongefäß mit 7,5 kg schwarzem Pfeffer gefunden. Dieser Pfeffer ist ca. 2000 Jahre alt und stammt aus der Zeit, als Rom auch dieses Gebiet beherrschte. Ein Forscher sagte dazu: "Ein Römer hätte jahrelang davon leben könnte." Heute würde er mit dem Gegenwert eines solchen Schatzes zum derzeitigen Wert von 40 EURO nicht weit kommen.

... Rache-Mittel.

Unter der Überschrift "Rache einer Ehefrau: Pfeffer ins Kondom" berichtet BILD am 21.01.1998: "Die Frau von Giorgio Forti (32) hatte so ihren Verdacht. Deshalb schüttete sie ihm, bevor er sich verabschiedete, Pfeffer in die Kondome. Wie vermutet, ging der Römer zu seiner Freundin. Von dort mußte er sich mit einem Rettungswagen zum Arzt bringen lassen - sein Penis war heftig angeschwollen und entzündete sich."

So dürfte der Lockruf des Türstehers des Etablissements "Regina" auf der Großen Freiheit in Hamburg St. Pauli "Hier kommt Pfeffer auf die Banane!" nur symbolisch gemeint sein. Nach einem Bericht im HAMBURGER ABENDBLATT vom 15. / 16. Februar 1992.

... Doping-Mittel.

SPORT-BILD berichtete im Januar 2003 über den brasilianischen Stürmer des 1. FC Nürnberg, Jeronimo Claudemir Baretto, dass ihm seine Frau auf die eingecremten Füße frisch gemahlenen Pfeffer streut. "So bleiben meine Füße warm, und ich behalte im deutschen Winter mein Ballgefühl." Das Foto dazu zeigt ihn lachend mit einer überdimensionalen Pfeffer-Mühle.

Übrigens: ... Es war im Jahre 1602 im Hafen von Bantam auf Java. Die Karavellen der englischen Flotte unter James Lancaster waren unter anderem mit zweihundertdreißig Säcken Pfeffer voll beladen und die Eingeborenen fragten sich, wozu die Engländer solche Mengen Pfeffer brauchten. Schließlich kamen sie zu der Schlußfolgerung, in England sei es kalt und die aus Stein gebauten Häuser seien so kalt, dass die Engländer die Wände der Häuser mit geschroteten Pfeffer verputzen würden, um die Räume zu wärmen.

Kreuzzug des Pfeffers wegen?

Bisher war noch nicht bekannt, dass Pfeffer auch der Anlass für die Kreuzzüge gewesen sein soll.

Für die Rolle der Gewürze, insbesondere des Pfeffers, für die wirtschaftliche Entwicklung des Mittelalters erbringt der italienische Wirtschaftshistoriker Carlo M. Cipolla in einer heiter hintergründigen Parodie in seinem belletristischen Erstling "Allegro ma non troppo" so den Beweis:
"... Der Bischof von Bremen hatte eine Schwäche für Honig und Wildbret. Petrus von Amiens, genannt der Eremit (1050 - 1115), der Gründer des Klosters Neufmonstier dagegen, hatte eine Leidenschaft für stark gewürzte Gerichte. Das, was die beiden vollbrachten, war eigentlich ziemlich einfach. Da sie von gewalttätigen Kerlen umgeben waren, deren Lieblingssport es war, sich gegenseitig umzubringen, wirkten der Bischof und der Eremit als Katalysatoren und brachten die Europäer dazu, ihre Gewalttätigkeiten auf Nichteuropäer statt auf Europäer zu richten.

Deutsch wie er war, sprach der Bischof - ohne allen diplomatischen Klimperkram - Fraktur, und donnerte im Jahr 1108 : "Die slawischen Völker sind abscheulich und nichtswürdig, ihre Länder sind reich an Honig, Korn und Wild! Wendet euch gen Osten, ihr jungen Rittersleut!"

Der Eremit war Franzose. Wie Wilhelm von Tyrus schrieb, "kam Petrus in der Diözese von Amiens im Königreich Frankreich zur Welt. Er war sehr klein und von schwächlicher Gesundheit, besaß aber ein großes Herz". Guilbert von Nogent berichtet, Petrus "aß nur sehr wenig Brot und ernährte sich ausschließlich von Fisch und Wein". ... Was jedoch niemand erzählt, ist, dass Petrus eine Vorliebe für gepfefferte Speisen hatte. Wenn er ausschließlich Fisch und Wein verzehrte, so war der Grund dafür nur, weil er ein armer Eremit war und kein reicher Abt. Deshalb konnte er es sich nicht leisten, den von Schmugglern heimlich im Orient gestohlenen und anschließend zu sündhaft teuren Preis verkauften Pfeffer zu erwerben. Einsam in seiner Klausnerhütte, umgeben von den hohen, stillen

Bäumen des dunklen Waldes, litt Petrus schweigend und betete ohne Unterlaß zur göttlichen Vorsehung, dass sie ihm doch ein bißchen Pfeffer zukommen lassen möge. Aber die göttliche Vorsehung wusste, dass auch nur die geringste Menge Pfeffer das Leben in geistiger Versenkung unseres Petrus in Gefahr gebracht hätte, und darum schickte sie ihm an Stelle des Pfeffers Regen, Schnee und Blitze.

Frustriert vom anhaltenden Mißerfolg seiner Gebete, arbeitete Petrus stufenweise einen großen Plan aus: Einen Kreuzzug zur Befreiung des Heiligen Landes von der moslemischen Unterdrückung, wodurch gleichzeitig die Verbindungswege mit dem Orient wieder geöffnet worden wären und Europa auf diese Weise erneut mit regelmäßigen Pfeffer-Lieferungen hätte versorgt werden können. Mit einem einzigen Schlag konnte man sich einen angenehm süßen Preis irgendwann einmal im Himmel und einen gepfefferten Preis auf Erden sichern.

Es ist wirklich unglaublich, wie eine Idee einen Menschen verändern kann. Petrus der Eremit, der schweigsame, einsame Petrus, verließ die hohen, stillen Bäume des dunklen Waldes und wanderte von Hütte zu Hütte, von Dorf zu Dorf, von Burg zu Burg und entfachte in den Herzen und Gemütern der Menschen mit unwiderstehlichen Worten ein Feuer. "Er verfügte über eine große rednerische Begabung", schrieb Wilhelm von Tyrus bewundernd. So wurde er zum Anführer eines der ersten, eines von ihm 1095 / 96 gesammelten Kreuzzuges aus Frankreich und Deutschland.
"... Die Moslems wurden besiegt, Petrus konnte seinen Heißhunger nach Pfeffer befriedigen und vergaß die hohen, stillen Bäume des dunklen Waldes. ..."

Übrigens: ... Nach dem Buch "Die Kreuzzüge" (1988) von Peter Milger berichtet der Kleriker Albert von Aachen mit seiner um 1101 begonnenen Kompilation über die Belagerung von Antiochia, dass in der Stadt zwar Gewürze reichlich, aber kaum Nahrungsmittel waren und der Hunger ärger wütete als je zuvor. "Ebenso aßen sie den frischen Kot und Mist des Viehs, den sie mit Pfeffer, Kümmel und anderen Spezereien zubereiteten."

Preise pfeffern?

In Ermanglung von Lebenshaltungskosten-Indices für die früheren Jahrhunderte müssen wir uns mit solchen Vergleichen abfinden:

Plinius (24 - 79) überlieferte uns, dass in Rom kostete:

  1 Pfund (327,4 g) schwarzer Pfeffer..... 4 Denare
  1 Pfund weißer Pfeffer..........................7 Denare

Zur gleichen Zeit tauschte man einen kräftigen Sklaven gegen einen Sack Pfeffer. Was war wohl sonst so ein Sklave wert und wie schwer war ein Sack Pfeffer?

In dem am 9. Dezember 301 von Kaiser Diokletian (240 - 313) erlassenen Maximaltarif wurden auch die Höchstpreise für verschiedene Gewürze bestimmt, bezogen auf ein Pfund von 327 Gramm:

  Arabischer Safran......................... 2.000 Denare
  Trockener Ingwer............................. 250 Denare
  Pfeffer..800 Denare
  Cardamom... 40 Denare

Zum Vergleich: Ein Landarbeiter verdiente nicht mehr als 25 Denare pro Tag.

In England hatte Ende des 12. Jahrhunderts ein Pfund Muskat-Nüsse den Wert einer halben Kuh. Im späten Mittelalter kostete ungefähr

  1 Pfund Safran.....................so viel wie ein Pferd
  1 Pfund Ingwer.....................................ein Schaf
  2 Pfund Macisblüte.............................. eine Kuh

Zur gleichen Zeit wurden aus Alexandria diese Preise bekannt:

  1 Quintal Zimt.................................25 Cruzados
  1 Quintal Gewürznelken...................20 Cruzados
  1 Quintal Pfeffer.............................15 Cruzados
  1 Quintal Muskatnüsse....................16 Cruzados
  1 Quintal Ingwer.............................11 Cruzados

In Relation dazu musste man zur gleichen Zeit in Alexandria für einen gut dressierten Elefanten 2.000 Cruzados zahlen.

Zu Luthers Zeiten, also im 15. Jahrhundert, war ein Pfund Muskat-Blüte so viel wert wie sieben Ochsen.

Im Januar 1377 erhielt man für eine Hamburg-Lübsche Mark (= 192 Pfennig) in Hamburg 4 Kühe, oder zwölf Schafe, oder 96 Pfund Butter. Der Tagelohn eines Arbeiters betrug 1,5 Pfennig. 100 kg schwarzer Pfeffer kosteten in Marseille um 480 Mark, in London um 750 Mark.

In den Hansestädten um 1580 wurde schwarzer Pfeffer in Silber aufgewogen. Wer also einen Sack Pfeffer besaß, galt als wohlhabend. Wir wissen aber nicht, welches Gewicht so ein Sack Pfeffer hatte.

Die unsicheren mühsamen und langwierigen Transportwege, ob per Karawane, Karavelle, Galeere oder Fuhrwerk, dazu noch gefährdet durch Seeräuber, Schiffbruch, Nomadenüberfälle oder willkürliche Beschlagnahme, machten den Gewürzhandel äußerst risikoreich und reizte zu waghalsigen Spekulationen. Er brachte aber auch, wenn es gut ging, hervorragenden Gewinn.

Ende des Mittelalters bezahlten die arabischen Händler in Indien für ein Pfund Pfeffer nicht einmal 1 Gramm Silber. In Alexandria wurde für das Pfund 5 bis 7 Gramm verlangt. Weiter gehandelt bis Venedig lag der Wert bereits bei 7 bis 10 Gramm. Über die Alpen gebracht, wurden bis zu 15 Gramm Silber bezahlt. Als im Jahr 1460 eine portugiesische Flotte das erste Mal von der Westküste Afrikas größere Mengen "Pfeffer" in Lissabon anlandete, führte die Nachricht hierüber zu  einer Halbierung der Pfeffer-Preise und zu vielen Konkursen im Gewürz-Handel. Der von Portugal so überraschend angebotene Pfeffer war aber nicht der echte Pfeffer, sondern Malaguetta-Pfeffer, auch Paradieskörner genannt, Körner aus einer eher dem Cardamom ähnlichen Frucht, die auch scharf ist.

Der 10. Juli 1499 war ein noch schwärzerer Tag. Vasco da Gama kam mit der ersten Ladung echten Pfeffers auf direktem Seeweg nach Lissabon. Von Lissabon aus konnte der Pfeffer daher um 80 % billiger angeboten werden, als es in der den Gewürzhandel beherrschenden Stadt Venedig bis dahin der Fall war.

Im Tagebuch des venezianischen Chronisten Girolamo Priuli aus dem Jahr 1501 heißt es:

"Die portugiesische Flotte unter Pedro Alvares Cabral hat vor der indischen Malabar-Küste eine arabische Galeerenflotte mit Gewürzen vernichtet. Und auf diese Nachricht hin stieg am 4. Tag des Septembers in Venedig der Preis für Pfeffer von fünfundsiebzig Dukaten auf fünfundneunzig das Charigo, der Beledi-Ingwer von zehneinhalb Dukaten auf dreizehn und Gewürz-Nelken von zehn Lira auf dreizehn und alle anderen Spezereien erfuhren große Preisänderungen und die Preise erhöhten sich sehr."

Die Hoffnung auf große Gewinne trieb wagemutige Kapitäne und die sie unterstützenden Fürsten und Kaufleute an, direkte Wege zu den Gewürzen in fremden Ländern zu finden. Im Vertrag zwischen der spanischen Königin Isabella und Kolumbus hieß es: "Cristóbal Colón erhält das Recht von allen Perlen, Edelsteinen, Gold, Silber, Spezereien sowie alle anderen Kauf- und Handelswaren ... ein Zehntel für sich zu behalten."

Der Vertrag zwischen dem spanischen König Karl I. (1500 - 1558) und Magellan (1480 - 1521) verlangte keine Weltumseglung. Er heißt "Capitulación sobre el descubrimento de las islas de la especeria" (Vertrag über die Entdeckung der Gewürzinseln).

Eine außerordentliche Preissteigerung des Pfeffers durch die Holländer veranlasste eine Gruppe Londoner Kaufleute, mit einem Kapital von 72.000 Pfund eine Gesellschaft zu gründen, die mit dem Osten Handel treiben sollte. Am 31.12.1600 bestätigte Königin Elisabeth I. (1533 - 1603) die ursprüngliche Urkunde, die der East India Company auf 15 Jahre das englische Handelsmonopol vom Kap der Guten Hoffnung bis zur Magellan-Straße verlieh. Aus diesem Privileg entwickelte sich später das Britische Kolonialreich.

1606 / 1607: Die dritte Expedition der englischen East India Company zu den Gewürz-Inseln mit den Schiffen "Red Dragon", "Consent" und "Hector" war sowohl kulturell als auch gesellschaftlich bemerkenswert. Der Oberkommandierende, Kapitän William Keeling, war ein Shakespeare-Fan. Als die Schiffe im Mittelatlantik lustlos in einer Flaute dahintrieben, musste die Mannschaft Texte lernen, Kostüme schneidern und Proben durchführen. Vor der Küste von Sierra Leone wurde Anker geworfen und die Mannschaft der "Hector" wurde zu "Hamlet" eingeladen. Die "Consent" dagegen hatte mit David Middleton einen Kapitän, der lieber stramm segelte und schon längst nach England zurückgekehrt war, als William Keeling mit den anderen beiden Schiffen erst Bantam auf Java erreicht hatte. Middleton hatte für 3.000 Pfund Nelken gekauft, für die auf dem Londoner Markt 36.000 Pfund erlöst werden konnten, also der zwölffache Wert!

Nachdem Kapitän Keeling auf den Banda-Inseln endlich für die beiden Schiffe "Red Dragon" und "Hector" große Mengen Muskat-Nüsse gekauft und geladen hatte, musste er feststellen, dass er eine Muskat-Allergie bekommen hatte. Er musste an Land gehen, um seine Augen, die durch die Ausdünstungen der Muskat-Nüsse wund geworden waren, kurieren lassen, was wieder eine Verzögerung der Heimreise bedeutete.

Zu dieser Zeit erzielten Muskat-Nüsse fabelhafte Preise. Auf den Banda-Inseln kosteten zehn Pfund Muskat-Nüsse weniger als einen englischen Penny. In London ließ sich diese Menge für mehr als 600 Penny verkaufen.

"Ich muss haben Safran, Apfeltorten zu färben.
Muskatblüte - Datteln, keine, die stehen nicht auf dem Zettel.
Muskatnüsse, sieben,
ein oder zwei Stückchen Ingwer - aber die müssen sie mir zugeben -
Vier Pfund Pflaumen und ebensoviel Traubrosinen."

Aus "Das Wintermärchen" von William Shakespeare

Börsen - Latein

Das für einen Laien ungereimte BÖRSEN-LATEIN der
Hamburger Pfefferhändler in Versen vom Autor

Ein Pfefferkorn ist rund,
sehr scharf und auch gesund.
Es dient seit alten Zeiten
pikante Speisen zu bereiten.

Doch an der Börse, bei den "Pfeffersäcken"
gebraucht man ihn zu and'ren Zwecken.
Denn Pfeffer kann man IMPORTIEREN,
ihn TRANSIT HANDELN, EXPORTIEREN.
Man NIMMT und GIBT mit Pokermiene
sehr SPÄTE oder HERBST-TERMINE.
Die Pfefferhändler müssen wach sein.
denn Pfeffer kann mal HINTEN SCHWACH sein,
doch äußerst FEST dagegen VORN.

Wer hätte das gedacht vom Pfefferkorn?

AUFSCHIESSEN kann man ihn und auch STORNIEREN,
NACHSTECHEN, LITERN, ARBITRIEREN.
Man kauft ihn FREI AB oder C.I.F.,
schon DEKLARIERT mit einem Schiff.
Auch kann sich Pfeffer LEBHAFT zeigen,
mal FALLEN, SINKEN oder STEIGEN,
und ABGELADEN kann er, SCHWIMMEND sein,
auch LOCO oder nicht ganz ASTA-rein.
Und oft hat er auch sein GEWICHT VERLOR'N.

Wer hätte das gedacht vom Pfefferkorn?

Die ARBITRAGE per AWARD wird geklärt,
ob LABEL, OPTION, SHIPMENT sind verkehrt.
Auch kann man Pfeffer BLANCO geben,
und auch schon einmal ein DEFAULT erleben.
Dem FUNK aus Singapur glaubt man auf's Wort,
geht LONG mit Pfeffer oder SHORT,
kann GELD sein mit ihm oder BRIEF
viel später RICHTIG LIEGEN oder SCHIEF.
Ja, seine KURSE sind verworr'n.

Wer hätte das gedacht vom Pfefferkorn?

Es soll'n sich jene Menschen schämen,
die Pfeffer nur zum Würzen nehmen,
was nämlich ganz und gar verkehrt ist,
denn Pfeffer, der einmal verzehrt ist,
ist für den Handel ewiglich verlor'n
und sinnlos bleibt dann dieses Pfefferkorn!

Die "Pfeffer-Börse" in Cochin
an der Malabar-Küste Indiens.
Foto: Georg Schulz

Der, die, das Pfefferkorn

Das Pfefferkorn, da weiß jeder was gemeint ist. Doch *Der* Pfefferkorn? Der Pfefferkorn ist eine Romanfigur im "Zauberberg" von Thomas Mann. Aber schon viel früher gab es einen Pfefferkorn, nämlich einen "piperis granum". Das war der Spitzname von Notker II, dem legendenumwobenen Arzt und Abt des Klosters Sankt Gallen.

Die jetzige Zeit hat sogar einen "Pfefferkorn I" und eine "Pfefferkorn II". Das sind die Decknamen des 33 Jahre lang für die Stasi spionierenden Ehepaares Gertraude und Peter Heilmann, dem vor dem Berliner Kammergericht nach der Wiedervereinigung der Prozeß gemacht wurde.

Die "Peppercorn" gehörte neben der "Trades Increase" und der "Darling" zu der Flotte, die im April 1610 von London aus zu den Molukken, den Gewürz-Inseln, ausgeschickt wurde. Nur die "Peppercorn" überstand diese Expedition und kehrte nach 42 Monaten zurück. Sie war aber in einem so schlechten Zustand, dass sie London nicht mehr erreichen konnte und nach Waterford in Irland geschleppt werden musste.

"*Die* Pfefferkörner" sind Jana, Natascha, Fiete, Cem und Vivi von Hamburgs jüngstem Detektivbüro. Sie agieren aus der Hamburger Speicherstadt heraus. Im Kinderkanal von ARD und ZDF, auch als Kinderbücher mit den Untertiteln "Die Bombe tickt", "Alarm im Freihafen" usw... www.pfefferkoerner.de ist die Homepage dieser Jungdetektive.

Übrigens: ... Culpepper, Nicholas Culpepper ist der Verfasser des populärsten englischen Pflanzenbuchs aus dem 17. Jahrhundert.

"Das ist eine andere Art Pfeffer,
sagte der Teufel,
als er in Schafkötel biss."

Gepfefferte Namen

Die amerikanische "OLD PEPPERSASS" ist keine alte Pfeffersoße. Sie steht jetzt als Denkmal in der Talstation der "Mount-Washington-Cog-Bahn". Weil der Kessel mitsamt dem Schornstein dieser ungewöhn-lichen Lokomotive wie eine Soßenflasche aussieht, wurde sie entsprechend genannt. Es war die erste Lokomotive und erste Zahnradbahn der Welt, die eine Steigung von 37,4 % erklomm. Sie trat 1866 ihren Dienst an. Die Nachfolgemo-delle für die jetzt noch be-triebene Bahnstrecke wurden nach einem über hundert Jahre alten Entwurf gefertigt.

"Old Peppersass",
zu deutsch "Alte Pfeffersoße"

Die "PFEFFERFRESSER" sind keine Volksgruppe, die sich bevorzugt von Pfeffer ernährt. Es sind Tukane, Spechtvögel, die in den hei-ßen Ländern Südamerikas leben, papageienartige Vögel mit un-verhältnismäßig großen Schnäbeln.

Von der "PFEFFERKÜSTE", dem westlichsten Teil der westafrikanischen Oberguineaküste, kommt kein Pfeffer. Die portugiesischen Entdecker brachten von dort zwar ein Gewürz mit, von dem sie glaubten, es sei der gesuchte Pfeffer. Es waren aber "Paradieskörner", auch "Mala-guetta-Pfeffer" genannt, aber nicht der so begehrte echte Pfeffer.

Mit "PFEFFERFRAU" wurden nach dem Wörterbuch der Gebrüder Grimm zur Zeit des Sonderbundkrieges die Frauen von Liberalen genannt, denen man zutraute, den Truppen Pfeffer in die Augen zu streuen. "Sonderbund-Krieg" (1846 - 1847) ist die Bezeichung für Unruhen während der Umbildung des Schweizer Staatenbundes zum Bundesstaat.

Mit "PFEFFER-LIESEL" bezeichnete man in Norddeutschland ein mörserähnliches Tischgerät zum Mahlen des Pfeffers, also des Vorgängers der jetzt üblichen Pfeffer-Mühlen.

Leopold PFEFFERBERG war der Häftling Nr. 173 auf "Schindlers Liste", der Thomas Kenneally die Anregung für den Roman "Schindler's Ark" gab. Dieser Roman wurde 1993 als "Schindlers Liste" von Steven Spielberg verfilmt.

Die "PFEFFERSCHE ZELLE" ist eine nach dem Botaniker W. Pfeffer benannte Osmose.

Und diesen gepfefferten Namen können wir noch einige anders gewürzte Namen hinzufügen:

Mit "INGWERKOPF" sollen die Engländer die rothaarigen Menschen bezeichnen, weil diese als heißblütig gelten.

Die "IMBERGASSE" in Basel hat ihren Namen vom Ingwer. Im Mittelalter war Ingwer noch beliebter als heute. In dieser Gasse betrieben damals die Gewürzkrämer ihre Geschäfte.

Die "NELKEN-REVOLUTION" hat nichts mit Gewürz-Nelken zu tun. So wurde die friedliche Revolution genannt, mit dem das portugiesische Militär am 25. April 1974 die 50-jährige Diktatur in Portugal ablöste. Als Zeichen ihrer Friedfertigkeit hatten die Soldaten Nelken-Blumen in ihre Gewehrläufe gesteckt.

Aber die echten Gewürz-Nelken haben viele wissenschaftliche Namen:
Caryophyllus (Spreng.) Bullet Harr.,
Caryophyllata Thunb. E.,
Jambosa caryophyllus (Spreng.) Niedenzu,
Caryophyllus aromaticus L.,
Eugenia aromatica (L.).
Das letzte Synonym bekamen sie zu Ehren des Feldherrn und Politikers Prinz Eugen von Savoyen, der auch ein Förderer der Botanik war.

"HÜHNERZUNGENDUFT", "Je she xiang" ist der altchinesische Name für die Nelken. In der 970 geschriebenen Arzneimittelkunde des Ri Hua Zi heißt es ergänzend: "Hühnerzungenduft" - Verbessert den Mundgeruch.

Woher hat das "KARDAMOM-Haus" in Garding / Schleswig-Holstein seinen Namen? Hier wurde weder Kardamon angebaut, noch gelagert oder gehandelt. Dieses Haus am Marktplatz in Garding ließ sich der Gemischtwaren-Laden- und Gastwirtschaftsbesitzer Claus Jakob Marcussen 1898 bauen. Das Kapital dazu hatte er sich, angeregt durch den Hamburger Börsenmakler Tiedemann, mit einer gewagten Spekulation in Kardamom erworben.

Volker Roggenkamp' Plakat

Übrigens: ... Hamburg hat neuerdings auch einen PFEFFERMANN, Volker Roggenkamp führt gepfefferte Rundgänge durch die Speicherstadt mit einem Besuch des Gewürzmuseums.

Und wie ist das mit den "Kümmeltürken"?

Ich kenne drei: Schon früh begann man damit, Kümmel auch in Europa anzubauen. Aber die Bevölkerung empfand die Kümmelfelder als fremdländisch, als türkisch, und so nannte man die Anbaugebiete schimpfhaft "Kümmeltürkei". So entstand im achtzehnten Jahrhundert der Ausdruck "Kümmeltürke" für die Bewohner von Halle, wo auf riesigen Feldern Kümmel angebaut wurde. Später wurde daraus ein Schimpfwort für Juden und Krämer.

Der zweite "Kümmeltürke" ist ein akademischer Verwandter des ersten. Es entstand etwa um 1790. Gemeint waren damit in den Burschenschaften die Studenten aus dem Umkreis von Halle.

Der Spitzname "Kümmeltürke" hat auch folgenden Ursprung: Noch bis zum Balkankrieg 1912 / 1913, als das türkische Reich bis zum Adriatischen Meer im Balkan reichte, kamen türkische Händler in ihren bunten Trachten und mit Fes auf dem Kopf nach Deutschland, um auf den Kirchweihen und Jahrmärkten Süßigkeiten, wie türkischen Honig, allerlei Zuckerwaren und Gewürze, zu verkaufen. Weil zu der Zeit Kümmel das meistgebrauchte Gewürz in den deutschen Haushalten war, nannten die Deutschen diese Händler "Kümmeltürken".

Und passend dazu von Peter Paul Althaus aus seinen "Flower Tales":
Ich bin der gemeine Kümmel;
als Destillat heiß' ich Köhm.
Ich blüh' unter freiem Himmel
und in Nasen. Je nachdöm.

Im Stehausschank in der Sperlingsgassen
trank neulich aufgrund einer Wette
ein Mann zwei volle Kaffeetassen
und dann noch vier
von mir.
Er hat darauf sein Leben gelassen
Ach, wenn er es nur gelassen hätte!

Fiktive Ansprache Störtebekers

an die
Hamburger Kaufmannschaft
zur Eröffnung der Ausstellung

"Pfeffersäcke. Die Geschichte des Hamburger Gewürzhandels"

vom 27. April bis 4. August 2002
im "Spicy's"-Gewürzmuseum, in der Hamburger Speicherstadt

Hamburger!
Die Zeiten sind friedlicher geworden.
Wir müssen die alte Fehde begraben.
Beide haben wir einen Fehler gemacht.

Die englische Königin war klüger als ihr. Sie nahm meinen
Kumpanen, den Drachen-Franz, besser unter Francis Drake bekannt,
in ihre Dienste und ließ ihn für sich seeräubern.
Stellt euch vor, wenn wir ebenso gemeinsam unsere Flotten,
meine unerschrockenen Leute,
euren Geschäftssinn ...
... London wäre ein Fischerdorf geblieben,
in Rotterdam säßen jetzt noch immer ein paar Krabbenpuler,
und Bremen wäre eine Ausbildungsstätte für Heringsbändiger.

Die Zeiten sind anders geworden.

Und da Ihr mir sogar ein Denkmal gesetzt habt, fühle ich mich ausge-
söhnt und wünsche, mich für meine Missetaten zu entschuldigen.

So läuft das Leben:
Der Drachen-Franz wurde zu SIR Francis Drake geadelt,
ich wurde um einen Kopf gekürzt.

Also Schwamm drüber,
aber ohne Wiedergutmachungsansprüche:

Soweit ist die Medizin immer noch nicht,
dass ihr mir den Kopf
wieder auf meinen Rumpf schneidern lassen könntet,
und die Rückgabe der gekaperten Viktualien und Gewürze
wäre auch witzlos,sie wären überlagert, überaltert
und damit sicher nicht mehr verkehrsfähig.

Versuchen wir jetzt friedlich über den Fremdenverkehr
einen vernünftigen Ausgleich zu schaffen.

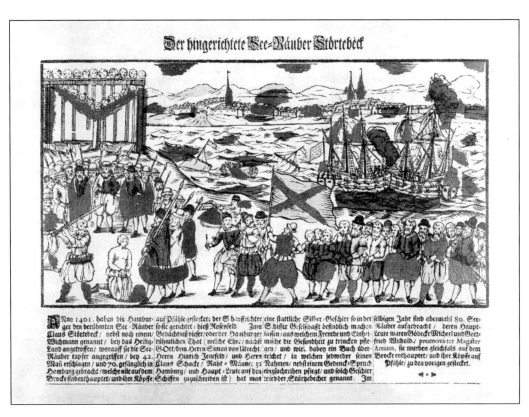

Hinrichtung Störtebekers auf dem Grasbrook in Hamburg. (Flugblatt um 1700)

"Pfeffersäcke"

"Diese hochmütigen Krämer und Pfeffersäcke, schmierigen Herings-händler und Bärenhäuter!" schimpfte einst der dänische König Christian IV. (1588 - 1648) über die Hamburger!

Davor hat dieses Wort bereits Hans Sachs (1494 - 1576), der Nürnber-ger Schuhmacher und Poet, populär gemacht: "ich will lieber deinen für-sten und herrn ... den (als) mit Pfeffersecken umb gehen."

Damit hatte Hans Sachs gewiss nicht die Hamburger Kaufleute gemeint. Bei all ihrem Reichtum waren die Hamburger Kaufleute nicht so wohlha-bend wie einige der süddeutschen Kaufherren, und im Pfeffer-Handel hatten sie bei weitem noch nicht die Bedeutung wie diese.

Nachdem in Folge der Kreuzzüge auch nördlich der Alpen die Nachfrage nach den exotischen Gewürzen immer stärker wurde, verstanden es die Regensburger, Nürnberger und Augsburger Kaufleute, sich den Vertrieb für das nördliche Europa der aus dem Orient über See in Genua und Venedig angelandeten Gewürze zu sichern.

Dieses Monopol, verbunden mit der geschickten Ausbeutung der Erzvor-kommen in Tirol, Kärnten, Ungarn und Spanien, sowie der Vermarktung der daraus hergestellten Produkte, machte sie reich, sehr reich, so reich, dass sie verschuldeten Fürsten aus finanziellen Nöten helfen konnten. Geschickt ausgehandelte Privilegien, die von großem geschäftlichen Nutzen waren, trugen weiter zur Mehrung ihrer Vermögen bei. Sie finan-zierten die Kriege Maximilians I. (1459 - 1586) und die Wahl Karl V. (1500 - 1558) zum Kaiser. Noch wurden sie nicht als Pfeffersäcke neid-voll beschimpft.

Nach der Entdeckung des Seeweges nach Indien durch Vasco da Gama galt es, direkt ohne den orientalischen Zwischenhandel und ohne den Seetransport nach Venedig oder Genua und den dortigen Zwischenhan-del, Pfeffer und andere Gewürze aus Indien zu holen.

Die Portugiesen kannten jetzt den Weg. Aber der portugiesische König Manuel I. (1469 - 1521) konnte dieses Wissen nicht für sich und sein Land nutzen. Er war hoch verschuldet und suchte dringend nach Finanziers, um Flotten auszurüsten und durch den Gewürz-Import über See daraus profitablen Nutzen zu ziehen.

Unter portugiesischer Flagge, mit portugiesischen Offizieren und Seeleuten, segelten die nächsten Flotten von Lissabon und Antwerpen nach Indien. Sie waren aber gekauft und ausgerüstet von süddeutschen Kaufleuten, an Bord waren deutsche Agenten, um die Geschäfte abzuwickeln. Das alles wurde finanziert von den Handelshäusern

HÖCHSTETTER, PAUMGARTNER, GOSSEMBROT, IMHOFF
NÜRNBERGER, HERWART, ROTH, CRON,
HIRSCHVOGEL, FUGGER und WELSER.

Die süddeutschen Firmen erhielten dabei einen Anteil von 55 % an den ersten im Jahr 1505 beginnenden Indien-Fahrten.

Im Februar 1586 wird das seinerzeit größte Handelsuntenehmen, der Fugger-Welsersche Weltgewürzkontrakt, gegründet. Mit diesem Kontrakt verpflichteten sich die Fugger und Welser, in den kommenden fünf Jahren auf eigenes Risiko und auf eigene Rechnung jährlich 1.573.000 kg Pfeffer in Indien aufzukaufen und nach Lissabon zu verschiffen. Allerdings konnte dieser Kontrakt nie voll erfüllt werden.

Weil neben anderen Gewürzen hauptsächlich Pfeffer mitgebracht wurde und dieser Pfeffer den Kaufleuten außerordentlich hohe Gewinne brachte, entstand zu dieser Zeit wohl aus Neid das Wort vom "Pfeffersack" als Synonym für den unheimlich reichen, berechnenden Kaufmann.

Aber auch Reichtum währt nicht ewig.

Durch den 1591 in Kraft getretenen Europakontrakt mit Philipp II. (1527 - 1598) sicherten sich die Fugger und Welser mit Beteiligung italienischer, portugiesischer und spanischer Handelshäuser das Monopol, in ganz Europa, in den Handelszentren Venedig, Antwerpen, Seeland, Hamburg und Lübeck, den von Indien über See angelandeten Pfeffer zu verkaufen. Dieser Vertrag konnte nur bis zum Herbst 1593 gehalten werden. Inzwischen war nämlich die englische Flotte so stark und die Piraten in Diensten der englischen Königin Elisabeth I. (1558 - 1603) so erfolgreich, dass kaum noch portugiesische und spanische Schiffe aus Ostindien unbehelligt mit ihrer wertvollen Pfeffer- und Gewürz-Fracht die europäischen Zielhäfen erreichten.

Aus der Sammlung Georg Schulz

Die Verluste waren so groß, dass damit der Niedergang der süddeutschen Handelshäuser begann. Nur die oft zitierten Pfeffersäcke sind geblieben.

Übrigens: ... Bei den ersten Fahrten wurde in den Schiffen der Pfeffer auch in Körben verstaut, weil in Indien nicht genügend Pfeffersäcke zur Verfügung standen.

Gesunde Gewürze

Die Pharma-Industrie wird es nicht gern lesen. Aber wenn alles wirken würde, was uns an Gewürzen und Gewürzkräutern für die Gesundheit, gegen Krankheiten in diversen Veröffentlichungen empfohlen wird, müsste zum Dank noch ein Heiliger - vielleicht "Sankt Specerius"? - gefunden werden. Hier eine kurze Liste, was uns in jüngster Zeit an Heil angekündigt wurde:

15. Oktober 1954, BREMER NACHRICHTEN:
> *Mittel gegen Manager-Krankheit.*

29. September 1985, WELT AM SONNTAG:
> *Knoblauch hilft doch - Blutfette gehen zurück.*

19. Mai 1987, HAMBURGER ABENDBLATT:
> *Gewürze verhüten Schwangerschaften.*

12./13. Dezember 1987, HAMBURGER ABENDBLATT, Journal:
> *Migräneanfälle durch Muskat*

17. Mai 1988, HAMBURGER ABENDBLATT:
> *Auch Magenkranke dürfen würzen.*

23. Juni 1988, HAMBURGER ABENDBLATT:
> *Kümmel beruhigt das Herz.*

Juni 1988, IMPULSE:
> *Was bitter dem Mund, ist dem Herzen gesund.*

6. April 1989, HAMBURGER ABENDBLATT:
> *Die Kräuter der alten Ägypter: Mehr Lust.*

1./2. September 1990, HAMBURGER ABENDBLATT:
> *Knoblauch. Wirksame Vorbeugung gegen Krebs?*

3. Juli 1991, HAMBURGER ABENDBLATT:
> *Zimt fördert Insulin-Produktion, weniger Zahnweh.*

13. März 1991, HAMBURGER ABENDBLATT:
> *Scharfer Pfeffer auf heiße Füße.*

21. Januar 1992, HAMBURGER ABENDBLATT:
> *Babys lieben Knoblauch.*

11. November 1992, HAMBURGER ABENDBLATT:
> *Zimt lindert Blähungen.*

Knoblauch

Wirksame Vorbeugung gegen Krebs?

Weltkongreß in Washi...

SAD **Washington** – Aus 15
Ländern waren mehr als 180
Forscher angereist, um sich ei-
... Thema zu wid-
...Wir-

Babys lieben Knoblauch

SAD **Philadelphia** – Säugling
...eren stillende Mütter Knob-
...essen, trinken mehr Milch
ab eine Studie am Mo...
...al Senses Center i...
...ennsylvania/US...
...ch die Mil...
...er ob die...
...zieh...

Paprika schützt das Herz

Das in Paprika enthaltene
Capsidiol hat die gleiche
herzschützende Wirkung
...ie das Medikament Aze-
...ylsäure (ASS)...

Zimt lindert Blähungen

Als Heilpflanze vom BGA jetzt zugel...

...Jahre wieder steigt in den
...ermonaten in Deutschland
...Zimtverbrauch. Das vor al-
...m Weihnachtsgebäck un...
...ein so beliebte G...
...ch beachtliche...
...onders w...

...herische macht glücklich...haben...

Gewürznelken lindern Schmerz

...therische Öl der Gewürznel-
...Kopfschmerzen. Selbst
...ahrenden, migrä-
...-Attacken
...nöls

...mangelnde E...
...ungssa...

Der Naturarzt:
Gewürze als Verhütungsmittel

Frauen, die eine Vorliebe für gewürzte Küche haben, können dadurch womöglich ungewollt unfrucht-
bar sein. Denn verschiedene Kräuter
haben ...he schwangerschaftsverhüten-
...de. Es sind Pfeffer, die Gelb-
...h Kurkuma genannt), Basili-
...ran, Rosmarin, Salbei und
...e.
...medizin in ...
...Majo-

...che andere Pflanzen beinhalten diesen
Stoff. So schützen sich isländische
Frauen mit einem Tee aus blühenden
Weidenkätzchen. Und in der Slowakei
schwören sie auf die Blätter der echten
Walnuß. Den höchsten Gehalt an weib-
lichen Sexualhormonen hat allerdings
der Granatapfel in seinen Samenkör-
nern.
Doch im Gegensatz zu den bekannten

Basilikum bei Blähungen

Das Küchenkraut Basili-
...rum ...ist vom Bundesge-
...heitsamt (BGA) als
...zugela...
...the

mit einer Tasse (etwa 150 ml)
heißem Wasser übergießen
und nach zehn bis 15 Minuten abseihen. ...weit 'nicht
...wor... ...anders verord...
...dreimal t...

Auch Magenkranke dürfen würzen

...ch wer zuwenig...
...ziert...

Mit Ingwer und Märchen zum Ziel

Die Tricks gegen Reisekrankheit

...INA SIEBER ● Ganz wichtig
...zu fahre... gleichmäßige...

Pfeffer schützt die Leber

Das im Pfeffer enthaltene
Piperin schützt die Leber
vor Vergiftung. Außerdem
ist Piperin, das dem Ge-
... um die Schärfe gibt, auch ...

Lavendel-Bad stärkt Nerven

Gegen nervöse Erschöpfung und
Wechseljahrbeschwerden sind La-
vendelbäder ...wirksam. Der der
ätherischen ...delöl entströ-
...mende Du... ...mein an...
stärkt und
Nervensy...
...Wei...

Gewürze stärken Abwehr

...ruchs- und Geschmackserlebni...
...halten ge... ...älteren Me...
...en... ...gew...
...dre...

Casanovas Geheimtip:
Kakao!

...ondon – Verges
...rohes Rinderhack
...er Casanova ...
...Kakao. Der ...
...ünstler hie...
...teuern...
...rach...

Scharf ist ja sooo gesund! Chili schützt sogar vor Krebs

Gelobt sei, was scharf ...
und Peperon...
brenn...
ren P...
würze.
Wisse...
neue h...
Schoten...
aus Ame...
Capsai...
und grün...

Gewürz killt Keime

SAD **New York** – Wer sein
Essen würzt, tut etwas gegen Keime. „Knoblauch,
Zwiebeln und Oregano tö-
teten alle getesteten Bakte-
rien ab, auch ...

Schlechte Laune „verduftet"

Schlechte Laune kann man einfach wegriechen. So ko...
...lechte Laune kann man riechen, regt uns an und an...
...was wir riechen, verstärkt unser...
...Beispiel ...Migrän...

Gelbwurz kann den kranken Darm san...

Chronische Darmprobleme (Blähungen, krampfartige
...zen und Durchfälle) können auf Dauer gefährlich
...behandlun... ...zu niedrige Gall...
...m (Reizdarm)...
...pezifische En...
...asche Besse...

Zimt fördert Insulin-Produktion

Eine für Diabe...

Scharf macht schlank

Aus der Sammlung von Georg Schulz

23. Februar 1993, BILD:

> *Scharf ist sooo gesund! Chili schützt sogar vor Krebs.*

8./9. Mai 1993, HAMBURGER ABENDBLATT, Journal:

> *Schärfe macht glücklich.*

6. Oktober 1993, HAMBURGER ABENDBLATT:

> *Mit Vanille in Morpheus' Arme.*
> *Statt Psychopharmaka:*
> *Sieben Rezepte.*

9. März 1994, HAMBURGER ABENDBLATT:

> *Vanilleduft vertreibt Angst.*

18. August 1994, BILD:

> *Zimt macht scharf.*

14. September 1994, HAMBURGER ABENDBLATT:

> *Pfeffer schützt die Leber.*

26./27. November 1994, HAMBURGER ABENDBLATT:

> *Gewürze stärken die Abwehr.*

12. April 1995, HAMBURGER ABENDBLATT:

> *Paprika schützt das Herz.*

9./10. September 1995, HAMBURGER ABENDBLATT:

> *Pfeffer gegen Herpes.*

29. Mai 1996, HAMBURGER ABENDBLATT:

> *Darmkrebs: Curry schützt.*

8. September 1996, BILD AM SONNTAG:

> *Scharf macht schlank. "Kein Witz. Nach einer Mahlzeit mit viel Chili, Pfeffer & Co. verbrennt der Körper rund 45 Kalorien mehr als normal."*

4. Dezember 1996, HAMBURGER ABENDBLATT:

> *Gelbwurz kann kranken Darm sanieren.*
> *(Ist Kurkumawurzel, Hauptbestandteil des Curry)*

18. Juni 1997, HAMBURGER ABENDBLATT:

> *Mit Ingwer und Märchen zum Ziel.*
> *Die Tricks gegen Reisekrankheit.*

10. März 1998, BILD:

> *Knoblauch und Zwiebel töten alle Bakterien.*

6. August 1998, MORGENPOST:

> *Mit Chili-Schoten zum Orgasmus.*

2000, TEST: *Selbstversuche mit Ingwer bestätigen,*
Ingwer hilft bei Seekrankheit.
2. Mai 2000, HAMBURGER ABENDBLATT:
Schwitzen beim scharfen Essen.
16. August 2000, HAMBURGER ABENDBLATT:
Schlechte Laune verduftet ... Dank Vanille.

Aber auch in früheren Jahrhunderten sollen Gewürze und Gewürz-Kräuter sehr heilsam gewesen sein:

Die VOSSISCHE ZEITUNG, Berlin, berichtete 1744 aus Velletri in Italien, dass dort 40 Säcke Wacholderbeeren auf den Straßen angezündet worden seien, um die Pest zu vertreiben.

1753 empfiehlt "Der curieus- und offenhertzige Wein-Artzt" viele lehrreiche Rezepte.

"Ein gut Gedächtnuß zu machen"
Aus "Der cuieus- und offenhertzige Wein-Arzt" von 1753

22. Mai 1691 schreibt Robert Challe auf der Heimreise von Südostasien an Bord der "Ecueil" in sein Tagebuch: "... Wir haben 52 Kranke, Soldaten und Matrosen. Ein Gerücht geht um, das mir nicht behagt: Pestbeulen. M. de la Chassée und ich sehen uns deshalb genötigt, jeden Morgen Branntwein mit reichlich zerstampften Knoblauch zu trinken, und zwar in einem Zug. Die Folge ist, dass wir die Gegenwart des anderen kaum auszuhalten vermögen."

1766 schrieb der Mönch Odilone Schreger des Klosters in seinem "Speiß-Meister", einem Buch über den "Nutzlichen Unterricht vom Essen und Trincken": Quasi als Haarwuchsmittel "Salbei in das Essen fein gemischet machet einen vollen Kopf und schwarzes Haar. Destillierter Salbei hingegen in den Wein gemischet fordert die Nachgeburt und machet auch fruchtbar!"

87

Der babylonische Talmud überliefert ein Rezept mit Kreuzkümmel gegen das dreitägige Fieber: Man nehme sieben Spitzen von sieben Dattelpalmen, sieben Späne von sieben Balken, sieben Nägel von sieben Brücken, sieben Aschen von sieben Öfen, sieben Stäubchen von sieben Türpfannen, sieben Pechstücke von sieben Booten, sieben Handvoll Kümmel und sieben Haare vom Bart eines alten Hundes und binde sie mit einem hellen Faden um den Halsausschnitt seines Gewandes.

Von den alten Ägyptern sind uns über den Papyrus Ebers einige erwähnenswerte Rezepte überliefert. Zum Beispiel, um die Geburtswehen abzukürzen, "lege Pfefferminz auf ihr nacktes Hinterteil". Oder bei Kopfschmerzen wird dieses Heilmittel, das Isis gegen das Kopfweh des Re bereitete: "Nimm die gleichen Mengen von Korianderbeeren, Mohnkörnern, Wermut, Beeren der Sames-Pflanze, Wacholderbeeren, Honig. Vermische sie ... ."

Columbus entdeckte Paprika als Medizin: Er nahm diese Schoten auf der zweiten Fahrt mit, verzehrte sie in getrockneten Zustand und gab sie auch seinen Männern zu essen. Und dabei passierte dann etwas Überraschendes: Einige Männer, die unter starken Kopfschmerzen oder Migräne gelitten hatten, waren plötzlich schmerzfrei. Columbus, der nach reichlichem Essen oft ein Drücken im Magen spürte, fühlte sich nach dem Verzehr von Paprika freier und leichter.

Plinius der Ältere (23 - 79 n. Chr.) hielt viel von diesem Räuchermittel: "Die Blätter des delphischen Lorbeers verhindern, wenn man sie zerreibt und wiederholt daran riecht, die Ansteckung durch eine Seuche, und noch weit mehr, wenn man sie verbrennt."

Die Zigeuner-Medizin empfiehlt bei Nervenschmerzen: "Fünfzehn schwarze Pfefferkörner sind mit drei samt Gehäuse zerriebenen Schnecken zu kochen. Diese Mischung getrunken hilft gegen alle Arten von Nervenschmerzen und ... Dill für stillende Mütter, Majoran für die Nerven, Safran und Quellwasser gegen Augenweh, Kümmel für den Magen."

Und noch ein guter altdeutscher Rat: "Welche einen flüssigen Bauch haben, die sollen Muscaten genießen, diese helffen und stercken den Magen. Wer einen bösen Bauch hat von der Kälte, der nütze Muscatenblumen, er genest. Fürs Hertz-Zittern brauch und genieß Muscatenblumen."

Und Frau Behncke aus der 2. Elbstraße 25, Parterre, gab anläßlich der Cholera-Epedemie in Hamburg 1892 uneigennützig folgende Privatanzeige auf:

> "Ein sicheres Mittel gegen Cholera; Man binde dem von der Cholera Befallenen sofort eine Leibbinde um und decke ihn recht warm zu. Dann nehme man für 5 Pfennig Reismehl, 5 Pf. getrocknete Bickbeeren, 5 Pf. Zucker, 2 Pf. gestoßenen Kanehl und etwas Wasser eine halbe Stunde lang gekocht, dass es breiartig, verrühre alsdann für 10 Pf. alten Rothwein darunter ... ."

Eines der bemerkenswerten Rezepte ist uns aus Tibet überliefert.
Gegen die "Störung aus dem Lebenswind", einer Art Wahnsinn: Man bereite eine Pulvermixtur aus: Muskat-Nuss, Butter, Menschenknochen, ein Jahr lang getrocknet, Medizinbutter, menschliches Fleisch, ein Jahr lang getrocknet, Tibetisches Bier. Die Menschenknochen und das Menschenfleisch sollen von einem gesunden sechzehn- bis dreißigjährigen Menschen sein, der durch einen Unfall starb. Und das aus "Tibetische Heilkunst" von Terry Clifford mit einem Vorwort des Dalai Lama vom 26. Dezember 1981!

Aber gegenwärtig beweist uns auch die Wissenschaft, dass natürliche Gewürze gesund sind und Heilwirkung haben können. Unlängst erschien im SPIEGEL ein Bericht mit der Überschrift *Ingwer gegen die Reisekrankheit.* Amerikanische Forscher haben jetzt die Wirkung von Ingwer herausgefunden. Ingwer ist seit jeher ein altes Hausmittel gegen Magenverstimmung.

> "Magen, Lunge und Lenden
> mit Recht ein Lob des scharfen Ingwers singen.
> Er stillt den Durst, belebt und erregt das Gehirn
> - die junge Liebe im Alter wieder erwacht."

Lobgesang auf den Ingwer der Medizinschule von Salerno aus dem 11. Jahrhundert

Zauberkraft und Aberglaube

Was kann uns das Leben eigentlich noch versauern, wenn wir die sagenhafte medizinische Wirkung der Gewürze um deren Zauberkraft und Aberglaube ergänzen? Gute Ratschläge erhält man per Daphnomantik, einer Kunst der Weissagung: Lauris Nobilis, der zum Küchen-Lorbeer gedemütigte Siegerbaum der Antike, soll vielseitige magische Kräfte haben.

Für den einfachen Hausgebrauch braucht man nur einen frischen Lorbeer-Zweig ins Feuer zu werfen. Knisterte er in den Flammen, war es ein gutes Zeichen, prasselte er stark, ein noch besseres.

Für schwierige Anliegen gab es die Pythia, das Orakel von Delphi. Sie kaute Lorbeer-Blätter und atmete dazu den Rauch brennender Lorbeer-Blätter ein, bevor sie in Trance verfiel und ihre Weissagungen verkündete.

Nach griechisch-römischer Magie konnte man Gelbsucht so wegzaubern: Der Kranke mußte über einem Topf mit kochendem Wasser, in dem viele Lorbeer-Blätter eingeweicht waren, einen sehr komplizierten Zauberspruch fehlerfrei hersagen. Anschließend sollte er sich mit diesem Wasser waschen und es zum Schluß selbst trinken.

Gegenseitige Treue gelobte man sich, indem man gemeinsam Lorbeer-Blätter in ein brennendes Feuer warf.

Selbst ein Wecker kann überflüssig werden nach einem magischen Rezept mit Lorbeer-Blättern. Um zu jeder Zeit aus dem Schlafe zu erwachen "nehme man so viel Lorbeer-Blätter, als man Stunden schlafen will, lege sie in ein feines Tuch, binde sie auf die Schläfe und lege sich auf die linke Seite."

Ein weiteres Allround-Zaubermittel ist der Knoblauch. Je nach Anwendung, Mondschein oder nicht, als Trank oder Massage-Brei oder örtlich unterschiedlicher Aberglaubenskonfession vermag er die erstaunlichsten Wirkungen zu erreichen. Nicht nur gegen Vampire ... .

Die Alten Griechen legten zum Beispiel an einer Wegkreuzung Knoblauch auf einen Steinhaufen, als Nachtessen für Hektate, die Göttin der Unterwelt und Schutzgöttin der Zauberinnen, um sie günstig zu stimmen.

Einen anderen Zauber gab es in Spanien. Um einen unerwünschten Freier loszuwerden, hatte das Mädchen zwei gekreuzte Nadeln mit Knoblauch auf den Boden zu legen. Wenn anschließend der Freier über diese Nadeln hinweg ging, würde sie von diesem Mann nicht mehr belästigt, hieß es.

Auf der Gazellenhalbinsel des Bismarck-Archipels gilt der Ingwer als Alraune der Eingeborenen. Dabei entfaltet er seine Zauberkräfte nur, wenn er von einem erfahrenen Zauberer aktiviert wird. Je nach Spruch und Zeremonie erfolgt ein Liebes-Zauber, ein Schaden- oder Todes-Zauber.

Mit zwei Scheiben frischen Ingwers, an die Seiten des Hausaltars gehängt, erbat man im alten China von den Göttern männliche Nachkommen.

Eine frische Ingwer-Wurzel an einem roten Faden an die Haustür gehängt vertrieb in China böse Geister.

In China sollten die Frauen während der Schwangerschaft vermeiden, Ingwer zu essen, um zu verhindern, dass das Kind mit einem Finger zuviel geboren wird. Die Ingwer-Wurzel wird wegen ihres Aussehens auch Hand genannt.

In der Bretagne sagt man dem Anis Zauberkräfte nach. Dort ist man der Überzeugung gewesen, dass ein Stück Eisen, wenn es mit Anis in Berührung kommt, wie Glas zerbricht.

Oregano, auch Wilder Majoran oder Dosten genannt, hilft gegen Teufel: Der Teufel wollte einst in deutschen Landen ein Mädchen verführen. Aber die Mutter hatte ihrer Tochter heimlich Oregano und Johanniskraut in die Kleider eingenäht. Der Teufel floh mit dem Ruf:

"Dosten und Johanniskraut,
entführen meine junge Braut."

Wenn Hexen auf der Folterbank ohnmächtig wurden, beräucherte man sie mit Oregano, um sie vom Teufel zu lösen.

Gegen Gespenster an Bord ist Rosmarin hilfreich: Griechische Seeleute flochten Kränze aus Rosmarin und warfen diese ins Meer. Sie waren der Meinung, dass sich die Götter darüber freuen würden und erflehten besseren Schutz auf dem Wasser. Die Römer weihten Rosmarin der Göttin Aphrodite. Man wollte damit Gutes erreichen und auf hoher See Geister und Gespenster vertreiben. Wenn einer der Seeleute starb, aßen alle beim Totenmahl viel Rosmarin in der Hoffnung, nicht der nächste zu sein.

Aus Brandenburg stammt der Glaube, wenn sich die Braut vor der Trauung einen Thymian-Zweig in den Schuh legt und dazu bei der Trauung den Spruch sagt

> "Ich tret', ich tret' op Thymian,
> Kiek du mi keene andre an.",

wird ihr Mann ihr treu bleiben.

Häufig ist auch der alte Hochzeits-Zauber: Wenn die Braut in der Ehe die Hosen anbehalten wollte, musste sie in einen Schuh Senf-Samen, in den anderen Dill-Samen geben und dann während der Trauungszeremonie murmeln:

> "Ich habe Senf und Dill,
> Mann, wenn ich rede
> schweigst du still."

Von den Rumänen der Bukowina wird berichtet: Wenn ein Kind zur Taufe getragen wird, so pflegt man die Taufleinwand, mit welcher die Lichter umwickelt werden, mit Basilikum und anderen Blumen zu schmücken. Vom Basilikum darf niemand etwas wegnehmen, denn sonst würde man dem Kind den Schlaf wegnehmen.

Wer sich Haferstroh und Dill in die Schuhe steckt, der wird vor Gericht stets Recht bekommen und die strenge Justiz muss verstummen.

”Vor Haferstroh und Dill,
da schweigen die Gerichtsherren still.”

Und mit dem Verbenenkraut zusammen hilft Dill gegen Hexerei und Verwünschungen

”Verbenenkraut und Dill,
verhinden, was die Hexe will.”

Wir lächeln über solchen Zauber und alten Aberglauben, aber das HAMBURGER ABENDBLATT brachte am 23. Mai 1985 einen Artikel unter der Überschrift ”Im Ministerium wurde ein Mensch verzaubert”: Beim Aufräumen in einem Keller des französischen Verteidigungsministeriums hatten Soldaten eine kleine Puppe, Rest eines menschlichen Gehirns, Damenwäsche und eine Vanille-Stange entdeckt. Ein farbiger Offizier von der Karibik-Insel Guadeloupe sagte zu dem Fund: ”Das sind Utensilien eines Voodoo-Zaubers.”

Um lange, möglichst ewig, zu leben, haben Forscher und Alchimisten nichts unversucht gelassen.

Auf gekochte Stierhoden, vier an der Zahl, blutfrisch, vermengt mit gemahlenen Lammnieren, mit Zimt und Muskat gut gewürzt, schwor zum Beispiel Papst Pius V. (Papst von 1566 - 1572).

HAMBURGER ABENDBLATT, 23. Mai 1985

Übrigens: ... In Asien glaubte man lange Zeit, dass der Ingwer Tiger fernhalte. Man kann darüber denken wie man will, aber seit der Firmengründung, seit 1930, haben wir Ingwer in unseren Lagern und noch niemals ist ein Tiger erschienen.

Auch sonst anregende Gewürze

Aus den unzähligen Rezepten aller Kulturkreise von der Urzeit bis zur Erfindung der Viagra-Tablette könnte man herleiten, dass der bisherige Fortbestand der Menschheit aufgrund seiner Fortpflanzungslust den Gewürzen und Würzkräutern zu verdanken sei, denn kaum ein Mittel zur Luststeigerung kam ohne sie aus.

Im 17. Jahrhundert war die Pharmazie der Aphrodisiaka besonders fantasievoll und kompliziert, aber sehr gewürzhaltig:
Dementsprechend war auch das "Elixier nobilissimo per la Venere" des Antonio de Sgobbis da Motagnan raffiniert zusammengestellt. Bevor er "Apotheker im Zeichen des Straußen" wurde, war er Mitarbeiter in der päpstlichen pharmazeutischen Offizin des Allerheiligsten Vaters Urban VIII. Mit diesem Renommee konnte er sein "wegen seiner großen Wirksamkeit bei der Stärkung der Genitalien kostbares" Elixier in ganz Europa sehr gut verkaufen.
Diese komplizierte Mixtur lautet, stark gekürzt:
"Ingwer, Langer Pfeffer, Zimt, Muskat-Nuss, Muskat-Blüten, Nelken, grüner Kubebenpfeffer, kleiner Cardamom, Brennesselsamen, Raukensamen. ... Alles soll man grob zermahlen und fünf Tage lang in verschlossenen Gefäßen mit Weingeist tränken ... Hoden von Junghähnen ... Spatzenhirnen ... Zimt-Öl ... und dann noch einmal Muskat-Nuss und Ingwer gewürzt ...".

Wo das "Herz Grund zu Schwäche und zu geringer fleischlicher Begierde hat" hilft nach einem alten italienischen Rezept ein Mus aus einer Achtel-Unze Herzknochen (verkalkte Herzklappe) vom Hirsch und je zwei Unzen Safran, feinem Zimt, Ochsenzunge, getrocknete rote Rosen, Nelken, Muskat-Nuss, Macis-Blüte, einigen zerstoßenen Perlen usw.

Einfacher ist da schon das Rezept der Zigeuner für die Liebe:
"Leinsamen zerreiben, mit Honig kochen, einige zerkleinerte Feigen und reichlich Pfeffer hinzugefügt, ergibt einen Kuchen, der denjenigen, der ihn ißt, zum Liebesgenuß reizt."

Bücher mit gewürzten Anregungen aus der Sammlung Georg Schulz

Für die portugiesischen Sklavenhändler soll der Ingwer als sexuelles Stimulans im 15. Jahrhundert besonders interessant gewesen sein. Sie brachten dieses Wurzel-Gewürz von Indien nach Westafrika - von Nigeria werden heute noch große Mengen exportiert - und fütterten damit ihre Sklaven, um eine hohe Geburtenrate zu erhalten. Diese benötigten sie für ihren grausamen Menschenhandel.

Man kann die Anwendung von Gewürzen auch übertreiben. So DER SPIEGEL 35 / 1992 unter der Überschrift "SÜNTLICH WERCK Ein Vierteljahrtausend lang florierten in Deutschland die 'Frauenhäuser' - kommunale Bordelle mit zunftartigem Status":
Michael Buser aus Nördlingen kam mit einem zweijährigen Stadtverweis davon. Er hatte lediglich "im frawenhaus einer frawen pfeffer in ire heimliche scham getan" und damit "merklich schmerzen zugefügt".

Am 6. Mai 2002 berichtete AFP aus Vilnius, dass eine neue Soßen-Kreation namens "Sinful" mehr Lust auf Sex machen soll. Das Rezept des litauischen Erfinders, dem Soßenhersteller Vesiga, das Sexmuffel auf den Geschmack bringen soll, klingt einfach: Echter mexikanischer Pfeffer, also Chillies, einige andere Gewürze und Zink werden mit anderen Zutaten zusammengerührt. Das soll das männliche Sexualhormon beeinflussen.

Übrigens: ... Die "hobbythek" des WDR empfiehlt mit ihrem Hobby Tip Nr. 325 zum Thema "Liebeslust - Liebesleid" u.a. dieses Rezept für "Mexikanischen Kakao mit Chili"
250 ml Wasser
5 gehäufte Tl. Kakaopulver
1 Tl. Zimt
1 Messerspitze Kardamom
1 Messerspitze gemahlene Nelken
1 Vanille-Schote
wenig roter Chili-Pfeffer (nach Geschmack)
4 Tl. Zucker
Alle diese Zutaten werden gemischt und dann läßt man alles fünf Minuten kochen. Jetzt noch nach Geschmack süßen und genießen ....

Claudia Müller-Ebeling und Christian Rätsch

Isoldens Liebestrank

Aphrodisiaka in
Geschichte und Gegenwart

verlegt bei Kindler

Nimm einige Körner schwarzen Pfeffer, Kerne vom Stech-
... fel (*Datura metel* oder *D. alba*), eine Schote Pinpalli (*Piper
...gum* oder Betelpulver) mit Lodhra-Schale oder *Morinda
...folia*, die man zum Färben benützt, verreibe es mit hellem
...ig und benütze es wie oben (nämlich reibe es auf den
...n). Dieses Mittel ist unübertrefflich.«

(Anangaranga)

Konnten die Ärzte bei Impotenz nicht weiterhelfen, suchte man
...eine Priesterin des Priapos auf. Petronius hat in seinem frech-
...rotischen Roman *Satyricon* die Arbeit einer solchen Frau ironisch-
...eiter beschrieben. Sein Held wurde erst einmal zur Kasse gebeten
...d dann mit Zaubersprüchen behandelt. Aber aller Zauber blieb
...rkungslos. Da griff die Dienerin des Priapos zum letzten Mittel,
...»geheimen Riten« des Gottes:

»Dabei holte sie einen ledernen Phallus hervor. Den rieb sie
...mit Öl, fein gestoßenem Pfeffer und gemahlenem Brennessel-
...samen ab und führte ihn darauf langsam in meinen After ein.
...Gleichzeitig begoß die grausame Alte meine Oberschenkel
...t derselben Flüssigkeit. Fernerhin mischte sie Kressesamen
...t Stabwurz und goß dies über meine Geschlechtsteile; dann
...riff sie eine Rute aus grünen Brennesseln und begann,
...ne ganze untere Bauchpartie langsam damit zu schlagen.«

...ricon 137)

Der Pfeffer regt zudem eine andere Art von Appetit an; das kommt unmiß-
verständlich in einem Lied der Wolgadeutschen zu Ausdruck:

»Ich pfeffere eure junge Frau,
ich weiß, sie hat den Pfeffer gern,
ich pfeffer' sie aus Herzensgrund,
Gott erhalt die junge Frau gesund!«

»Pfeffer im Mörser stampfen« war früher eine Redensart, die für koitieren
gebraucht wurde. Eine Frau sagte von einem Mann, der ihre Sympathie
verloren hatte: »Der stampft keinen Pfeffer in meinem Mörser wieder.«

Schon die Römer verwendeten den Pfeffer als Stimulantium, und zwar in
einer Art, die uns heute nur die Schamröte ins Gesicht treiben kann: »Gewisse
Männer führen einen mit gestoßenem Pfeffer und Öl gefüllten Trichter in den
After ein, um sich selbst und den Frauen die Geschlechtslust zu steigern.
Dirnen bestreichen künstliche Phalli mit Öl, Pfeffer und Nesselsamen und
führen sie sich und den Männern in den After ein.«

Mit Chili-Schoten zum Orgasmus

Ålborg – Eine Chilifrucht brachte ihr das langersehnte Vergnügen: Nach 13 Jahren bekam Gitte
Bjeldbak ihren ersten Orgasmus,
weil sie zufällig etwas Chili auf
dem Finger hatte, als sie ihre Kli-
toris berührte. Anschließend stieg
sie mit ihrem Ehemann Torben
ins Bett und freute sich. „Seitdem
experimentierten wir 200- bis
300mal, dann hatten wir die richtige Mischung aus Chili und Öl gefunden", sagt die Frau aus dem
dänischen Ålborg. „Unser neues
Liebesmittel kann das ermüdete
Sexleben so richtig anheizen", ist
sie sich sicher. Jetzt hat das Paar

Die geheimnisvolle Macht der Düfte

ap/afp/SAD Chicago –Wer Erfolg
bei Frauen haben will, sollte sich
nicht auf sein Aftershave verlas-
sen. Babypuder macht Frauen
an! Auch mit Gurke und Lakritze
könnte Mann es versuchen. Das
hat der Neurologe Alan Hirsch in
Chicago herausgefunden. Er
setzte 30 Probandinnen Masken
auf und testete die Blutzirkulati-

Kombination von Lavendel und
Kürbiskuchen um elf Prozent
stieg, sank sie bei Kirschen um
18. Bei Grillfleisch um 13 und bei
Rasierwasser um ein Prozent.
Der Arzt bringt im April ein
Buch mit Tips zur Nutzung von
Düften heraus. Er glaubt, Sex-
probleme erfolgreich mit einer
Aromatherapie behandeln zu

en sollten auf teure Parfüms ver-
zichten. „Männer stehen auf
Zimt- und Krapfengeschmack."
Mit der Wirkung von Körper-
gerüchen haben sich M...
McClintock und Kathleen F...
von der University of Chi...
befaßt. Die Psychologinne...
sten das Geheimnis um das
cohen'sche Organ, das Fors...

(Pheromone) wahr: Männer spü-
ren, wenn Frauen ihre fruchtba-
ren Tage haben ...

Zimt bringt Pfeffer in die Liebesnacht

Paris – Nicht Liebespillen, sondern Gewürze, Speisen und
Musik sind die wahren Verfüh-
rungsmittel. Das französische
Magazin „Globe" hat die besten Liebesdrogen zusammengestellt:
Pfeffer, Zimt, Muskatnuß,
Amber und Moschus steigern

die Lust. Auch Austern, indisches Essen sowie gegrillte
Paprikaschoten und Ingwer-
huhn. Zum Abschluß des Di-
ners dann Kaffee. Für die Lie-
besnacht empfiehlt sich Musik
von Serge Gainsbourg wie „Je
t'aime" oder „Love on the
beat" von Prince.

140

Zimt macht scharf

Chicago – Zimt bringt es! Bei
Tests in den USA stellte sich heraus: Die Stangen haben den auf-
regendsten Duft. Nicht einmal
...Parfums wirken so sexuell

Zigeunermedizin · Zweiter T...

THYMIAN *macht begehrenswert:*
Koche eine Handvoll Thymian in einem Liter Wasser kurz auf, laß es etwas abkühlen, und wasch dich
dann damit. Das macht die Haut schön und duftend
und umgibt dich mit einer Ausstrahl...,
Männer besonders anziehen...

THYMUS LONGIFLORUS
4 PTAS

Anregungen in den Medien

Capsicum

Historie einer verworrenen, heißblütigen Sippe
mit rosigen, süßen Ablegern.

Bei allen Familienmitgliedern des Geschlechts der CAPSICUM steht im
Ausweis:

> Abteilung: Angiosspermae,
> Klasse: Dicotyledonae / Unterklasse: Sympetalae,
> Ordnung: Tubiflore / Unterordnung: Solaninae,
> Familie: Solonacae.

Und wie es in Familien mit uraltem Adel üblich ist, auch schon mit azte-
kischen Schriftzeichen dokumentiert, geht es mit verwirrenden Aus-
wüchsen weiter in die

> Äste des Stammbaumes: Annuum, Frutescens, Chinense,
> Baccatum, Pubescens und inzwischen viele mehr.

Die Capsicums sind zu einem reiselustigen und fortpflanzungsfreudigen
Volk geworden, dem es gelang, sich in den letzten fünfhundert Jahren
von Mittel- und dem Norden Süd-Amerikas aus in fast allen tropischen
und subtropischen Regionen anzusiedeln und die Küchen zu erobern.
Durch Zucht und Inzucht jeweils in Anpassung an Boden, Klima und
Erwartung der Gastgebervölker, entwickelten sich Verzweigungen in die
harmloseren gemüsigen, süssen, edel-süssen, scharfen, rosen-schar-
fen, und die besonders scharfen Clans, die kleinen Malawis, die flüssigen Tabascos, die runden Dundicuts, die grünen Jalapenos, die schwarzen Anjos und Mulatos, die roten und grünen Peperonis, die Cayennes,
die heißen Birdeyes, die winzigen Piri-Piri und die langen, schlanken
Tientsins, um nur die bekanntesten zu nennen.

Als die Capsicums zuerst auf europäischen Boden eintrafen und in Be-
gleitung des Seefahrers Kolumbus dem katholischen Königspaar Fernando
und Isabel im Kloster Guadalupe in der westlichen Region Extramadura vorgestellt wurden, verschlug ihr heißes Temperament diesem fast den Atem.

Im Schutze der Ordensbrüder dieses Klosters bereiteten sich die Capsicums auf die Eroberung Europas vor.

Als gern gesehene exotische Zierde der Blumentöpfe des europäischen Adels wurden sie hoffähig und bildeten unterschiedliche Arten. Keine 50 Jahre nach ihrem Erscheinen in der Alten Welt, um 1543, beschreibt Leonhardt Fuchs in seinem berühmten Kräuterbuch langen indianischen Pfeffer, breiten indianischen Pfeffer und calechutischen Pfeffer. (Hafen Calicut in Indien). Obgleich sie von der Schärfe abgesehen, nichts mit dem üblichen Pfeffer gemein haben, bleiben diese Namen und wir finden sie auch mit ausführlicher Beschreibung im 1626 erschienen Kräuterbuch von Matthioli wieder.

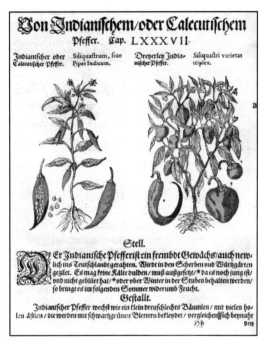

"Von indianischem / oder Calecutischer Pfeffer"
aus dem Kräuterbuch von Matthioli von 1626

Damit machten sie sich dann später besonders in Spanien und Ungarn breit und drängten weltweit erfolgreich, von der Bevölkerung begrüßt, in Küchen, Würste und Gulaschkanonen. Nicht nur in Gulaschkanonen, mit ihrem Wirkstoff Capsaicin sind sie auch inzwischen im Waffengeschäft vertreten.

Ein anderes Kräuterbuch nennt sie auch
Spanischen Pfeffer, Paprika, Capsicum anuum.

Diese Sippen unterwanderten die Alte Welt auch trickreich, wie diese Legende zeigt: Im 17. Jahrhundert herrschte ein türkischer Pascha namens Mehmet in Budapest. Eines Tages erblickte er eine sehr hübsche ungarische Wasserträgerin, die allerdings bereits mit einem Bauern verlobt war. Trotz ihres Sträubens wurde sie in seinen Harem eingereiht. Im Garten des Harems wuchsen verschiedene exotisch Gewächse, darunter auch Chillies-Pflanzen, mit deren roten Früchten man dort die Speisen würzte. Sie fand Gefallen an so gewürztem Essen und beschloß, von den Samen etliche nach draußen zu schmuggeln. Zufällig fand sie einen geheimen Gang, den sich der Pascha hatte anlegen lassen. Diesen benutzte sie zu heimlichen Treffen mit ihrem Verlobten. Bevor die beiden sich verabschiedeten, legte sie einen Beutel mit Samen in die Tasche ihres Geliebten. Dieser legte sie erfolgreich in die ungarische Erde. Nachdem das österreichische Heer die Türken aus Ungarn vertrieben hatte, züchtete man daraus den berühmten ungarischen Paprika.

Die süd- und mittelamerikanischen Capsicum-Geschlechter ließen sich mit den portugiesischen Seefahrern ein. Einige von ihnen wanderten mit den portugiesischen Schiffen nach Afrika aus. Die dortige Bevölkerung genoß ihre Schärfe, so dass viele dort bodenständig wurden. Ende des 15. Jahrhunderts segelten andere Clans mit den Portugiesen weiter nach Indien.
Und wie man es auch den Seeleuten nachsagt, hinterließen sie in jedem Hafen Sprößlinge, die sich dort fröhlich vermehrten. Im 17. Jahrhundert waren sie dort schon so populär, dass sie sich dann über ganz Asien verbreiten konnten.

Sie haben sich in Indien inzwischen so verzweigt, dass man kaum noch eine Übersicht hat über die Dundicut, Djani, Kaddi, Sangli-, Ellachipur- und Guntur Sannam, Jwala, Hindpur, Nagpur, Madras Pari, Madhya Pradesh, Kanthari, Kashmir, Scotch Bonnet, Sattur, Ramnad Mundu, Tadappally, Warangal Chappatta und Nalchetti.

In China herrschen neben vielen anderen die Fukien Rice und die Tientsin Small.

Mit den kleinen prallen Hontaka von Japan und den dünnhäutigen Papua von Neu-Guinea hatten sie ihre Weltumrundung erreicht.

Weiter strebten sie nach Höherem. Der amerikanische Astronaut Bill Lenoir nahm im November 1982 Jalapeno-Chillies mit auf seine Weltraumflug mit dem Space Shuttle Columbia.

Doch damit nicht genug. "Weltraumgemüse landet auf chinesischen Märkten" konnten wir am 30. November 2000 lesen. Einigen Angehörigen dieses penetranten Capsicum-Clans war es inzwischen gelungen, 15 Tage an Bord eines chinesischen Satelliten durch den Weltraum zu kreisen. Dabei hatten allerdings ihre Gene gelitten. Nach Kreuzung mit irdisch gebliebenen Familien gab es Nachwuchs von ungewöhnlich großem Format.

Frühzeitig schlichen sie sich auch in die Kunst: Der Hamburger Maler Philipp Otto Runge (1777 - 1810) schuf einen Scherenschnitt mit dem Titel "Capsicum", auf dem eine Paprikafrucht zu sehen ist.

1699 reiste die berühmte Malerin, Kupferstecherin und Naturwissenschaftlerin Maria Sybilla Merian (1647 - 1717) nach Surinam, der holländischen Kolonie in Guyana. Auf ihrer Darstellung "Metamorphosis insectorum surinamensium" bewegen sich Schmetterling und Raupe eindeutig auf einem blühenden und die typischen Früchte tragendem Zweig der Chillies-Pflanze.

Maria Sibylla Merian:
aus "Metamorphosis insectorium Surinamensium"

Übrigens: ... Die übliche Deutung des Namens, ”Cayenne”-Pfeffer stamme vermutlich aus Cayenne in Französisch-Guyana, wurde früher häufig angezweifelt, weil von dort keine Chillies bezogen wurden. Tatsächlich sind sie dort aber, wie auch in Mittelamerika bis nach Mexico, ursprünglich beheimatet. Der Name ”Cayenne” kommt aus der Tupi-Sprache der Tupinambé-Indianer. Bei ihnen heißen die Chillies ”Quiynha”. Die mexikanischen Ur-Indianer hatten sogar ein Schriftzeichen, eine stilisierte Chili-Schote, für dieses Gewürz, nach dem ”Buch der Schrift” von Professor Carl Faulmann mit der Bedeutung ”tsîl, tsîli, Pfeffer”.

Als der ”Welfische Schwan”, die Dichterin Julie Schrader, 1907 Bekanntschaft mit einem dieser Sippe machte, beschrieb sie es in ihrem Buch ”Mit einem Fuß auf einem Grabe von Goethe ...” so:

Spanischer Pfeffer

Punkt sieben war's, da hab ich ihn gegessen -
Mit zartem Fleisch, noch weicher als Filet.
Jetzt ist der rote Bruder so vermessen,
Daß er mich blähet bis unter das Piquet.

Champagner hab' ich auf ihn draufgegossen,
Weil er allein dem stolzen Granden frommt.
Jetzt treibt er mit den Magenwänden Possen
und wartet d'rauf, daß er noch mehr bekommt...

Hach, Span'scher Pfeffer, heißer, roter Bruder,
Du greifst nach meiner Seele mit Begier!
Jetzt tanz' ich Tarantella wie ein Luder,
Obwohl man Polka spielet am Klavier.

Mußjöh, Sie treiben mit mir arge Späße,
Sie brennen mir den ganzen Schlund kaputt.
Wenn ich in diesem Augenblick nicht säße,
ich kratzte mir den Servus bis aufs Blut!

Her Tafelwasser! Ordinäre Brause!
Verjage mir den aufgereizten Knecht!
Verscheuche ihn bis in die letzte Klause.
Dort soll er fasten. 's geschieht ihm recht!

"Ohne scharfen Pfeffer", so meinte der Dirigent Zubin Mehta, "kommt mir alles wie Krankenhauskost vor". Er habe immer eine Streichholzschachtel mit ein paar Chillies dabei, selbst in Feinschmeckerrestaurants. Einmal brachte er sie sogar zu einem Bankett der britischen Königin Elisabeth II. mit.

Sprüche gibt es auch:

"Lieber Paprika im Hintern   o d e r   "Alle essen Paprika,
als Stroh im Gehirn."   nur nicht Willi,
        der isst Chillie."

Anzeige in der HAMBURGER MORGENPOST

Übrigens: ... Die allbekannte Schärfe ermunterte die CDU-Chefin Angela Merkel am 23. August 2001 bei der Eröffnung des 26. Oldenburger Altstadtfestes zu der Aussage über den Innenminister Otto Schily: "Ich bin innenpolitisch schärfer als Chili!" und hatte die Lacher auf ihrer Seite.

Zum scharfen Kult geworden

(Um das Durcheinander der Begriffe von Paprika, Chillies, Cayennepfeffer, Chilipepper, Peperoni usw. auf einen Nenner zu bringen, gebrauche ich den Gattungsnamen Capsicum)

Chili-Beer und Chili-Wein

Die Verwendung von Capsicums in unseren Nahrungsmitteln ist ja eigentlich normal. Aber wenn sie im Bier, als ganze grüne Schote im "Chili-Beer" der Garcia Brauerei in New Mexico schwimmen, zur Würzung eines Weines, dem "aroma pimiento CABERNET" aus dem Colchagua Valley in Chile eingesetzt werden oder die weiße "Chili-Schokolade" (1) leicht erröten lassen und schärfen, so ist das schon ungewöhnlich.

Kein Gewürz wurde bisher derart vielseitig zum Kult, wie diese scharfen Schoten. Und das nicht nur als Würzmittel, sondern es kam im wahrsten Sinne des Wortes in Mode:

Als heiße Boxershorts, T-Shirts, Krawatten, Küchenschürze. Als Ohrgehänge (2) und Halskette machen sie sich ebenfalls gut. In Arizona kann man als Halsschmuck aus Holz geschnitzte Chilischoten kaufen, mit eingefügten kleinen Figuren z.B. Maria und das Jesus-Kind. Als Zierde des Wohnbereichs soll ein flauschiger Bettvorleger in Form einer überdimen-

In einer scharfen Chillies-Boxershorts zwei Girls mit Chillies-Halskette und Chillies-Krawatte

sionalen Paprika-Schote das Schlafgemach beleben. Als keramische Sonne (*3*) sollen sie ein Wandschmuck sein oder nur dastehen als Calabrien Girl (*4*), Chili-Hand (*5*), Chili-Teufel (*6*), Chili-Schale (*7*). Aus Glas (*8*) in besonderer Größe glänzen sie zwischen echtem Obst. Sie zieren Uhren (*9*), Becher (*10*), Flaschenkorken, Tassen, Teller (*11*), Servietten (*12*), Kochlöffel (*13*), Gabeln (*14*), Lichterkette (*15*), Schlüsselanhänger (*16*) und vieles mehr.

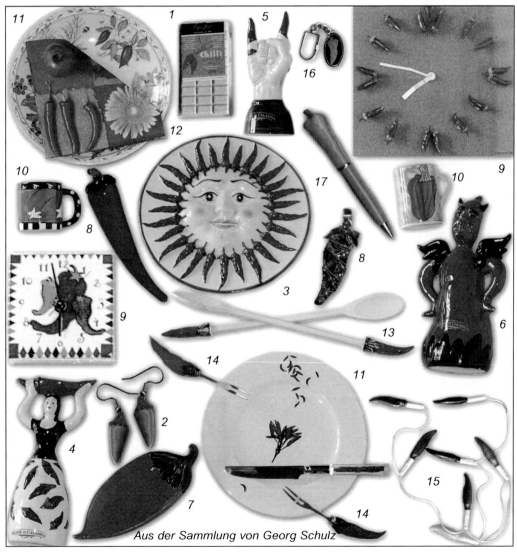

Aus der Sammlung von Georg Schulz

Und schließlich sind sie zu finden
als Kugelschreiber (17), als Form zum Ausstechen von Chili-Keksen und
... und ... als "ASC", dem von der Firma Pepperworld angebotenen Anti-
Stress-Chili, einer ca. 10 cm langen knallroten Chili-Schote aus elasti-
schem Kunststoff, mit der sich z.B. die vom Bedienen der Computer-
Tastaturen strapazierten Finger massieren lassen.
(www.pepperworldhotshop.de)

Aus einem derartigen Kult wachsen natürlich auch
Vereine wie in Hamburg der Club "Chililounge". Philipp
Behrens, ein Mitbegründer dieses Clubs, gab aus
Chili-Begeisterung seinem Sohn den Namen Lukas
Chili Elis.

Seit 2002 findet jeweils im Oktober in Kressborn am
Bodensee ein "Chilihead-Wochenende" mit scharfen,
heißen Kochereien statt. Im süditalienischen
Städtchen Diamante gibt es alljährlich das "Festival
del Peperoni". Über das größte Fest um dieses
Gewürz wird im Kapitel "Feierliche Gewürze" berichtet.

Und im benachbarten Maierá gibt es sogar seit 2002
das wohl auf der Welt einzige Chili-Museum, das
"Museo del Peperonci".

Küchenschürze
mit Chili-Motiven

Den Capsicums ist es sogar gelungen, eine eigene Fachmesse zu haben.
Diese jährlich im März in New Mexico zelebrierte "National Fiery-Foods &
Barbecue Show" lockt bis zu 12.000 Besucher an. Die über 200 Aussteller
kommen sogar aus China und Australien. Dort wird alles angeboten, was
irgendwie Bezug zu Chillies hat.

Abgesehen vom kommerziellen Interesse wird in Europa, man kann wohl
sagen mit missionarischem Eifer, für diesen Kult von dem Ehepaar Zoschke geworben. (www.pepperworld.com)
Die Bibel dazu "Das Chili Pepper Buch" (ISBN 3-94685-05-3) verfasste
Harald Zoschke.

Ehrwürdiger Pfeffer

Der echte altehrwürdige Pfeffer kommt mit dem immer mehr um sich greifenden Kult um die auch fälschlicherweise als "roten Pfeffer" bezeichneten Chillies nicht mit.

Von früher her kennen wir zwar Pfefferkuchen, Pfeffernüsse und dass der Hase im Pfeffer liegt. Das kommt daher, weil der Pfeffer im Mittelalter das weitaus bekannteste und wichtigste Gewürz war und damit auch das Synonym für Gewürz. Es waren also nur Gewürz-Kuchen, und der Hase schwamm in einer gut gewürzten Gemüsebrühe.

In Sarawak, auf dem zu Malysia gehörenden Teil der Insel Borneo, versucht man nun auch für den echten Pfeffer andere Anwendungen in den Verkehr zu bringen. Dieses geschieht mit Unterstützung des Peppers Marketing Board. So gibt es jetzt zwei aus Pfeffer produzierte Parfums. Es handelt sich um die Marken, beziehungsweise die Düfte, "Pelika" und "Amila" "with the exotic fragrance of Sarawak Pepper".

Der Duft "Amila" aus Sarawak Pfeffer

Süßwaren "Pepper Sweets"

Die in Kuching, der Hauptstadt von Sarawak, ansässige Firma "Sarper Trading" versucht als Süßwaren "Pepper Sweets" und "Sarawak Pepper Candy" in aller Munde zu bringen. Und schließlich bietet man auch "Sarawak Pepper Biscuits" an.

Patente Gewürze

Sie wird als strenggeheim, als Patent, angesehen, die "Formel 7 x 100", das Rezept für den Coca-Cola-Sirup aus dem weltweit die braune Brause hergestellt wird. Auch diese Mixtur kommt nicht ohne Gewürze aus. Unter den ca. 30 Zutaten sind auch Auszüge aus Ingwer, Macis-Blüte, Zimt, Coriander und Vanille zu finden.

Hier befand sich der Imbiss-Stand, in dem am 4. September 1949

HERTA HEUWER

30. Juni 1913 in Königsberg – 3. Juli 1999 in Berlin

die pikante Chillup®-Sauce für die inzwischen weltweit bekannte Currywurst erfand.

Ihre Idee ist Tradition und ewiger Genuss!

Foto: Familien-Archiv Böhme, Zürich 2003
© Copyright

Am 20. August 1999 berichtete ADN aus Berlin, dass die aus Königsberg in Ostpreußen stammende Herta Heuwer, die Erfinderin der in Deutschland so beliebten Curry-Wurst, im Alter von 86 Jahren verstorben sei.

Im Stadtteil Charlottenburg, Kant-, Ecke Kaiser-Friedrich-Straße, hatte sie am 4. September 1949 an ihrer Imbißbude die erste Wurst mit der von ihr entwickelten Curry-Soße verkauft. Das Know-how mit der Chillup-Soße soll sie sogar beim Münchener Patentamt angemeldet haben. Angemeldet wohl, aber ein Patent wurde nicht erteilt. Unter der Nummer 721 319 soll die Original-Curry-Wurst-Sauce "Chillup" seit 1958 markenrechtlich geschützt sein. Ihr streng gehütetes Rezept hat sie zwar mit ins Grab genommen, aber die Curry-Wurst mit der Spezialsoße Chillup lebt weiter.

Im Oktober 2002 betitelte der Kabarettist Hans Scheibner sein Programm "Curry-Wurst & Ewigkeit".

1993 hat dieses Produkt auch literarisch Berühmtheit erlangt, in Uwe Timms Novelle "Die Erfindung der Curry-Wurst", die allerdings in Hamburg spielt und nichts mit der Berliner Erfindung zu tun hat.

Um das europäische Patentrecht ad absurdum zu führen, hat Greenpeace im Juni 2002 beim Europäischen Patentamt in Berlin ein Patent angemeldet mit dem Titel "Richtig leckere Currywurst" für ein technisches Verfahren zur Herstellung von Currywürsten. Nein, Greenpeace will nicht in das Fleischwarengeschäft einsteigen. Greenpeace will damit zeigen, wie problematisch es werden kann, wenn im Patentrecht nicht mehr zwischen Entdeckung und Erfindung unterschieden werden kann. Mit so einem Patent könnte Greenpeace die gesamte Verwertung der Currywürste kontrollieren und blockieren. Von der Imbissbude bis zum Fabrikanten wären alle vom Patentinhaber abhängig.

Die WELT AM SONNTAG vom 4. August 1996 berichtet von der neuen in Italien propagierten Schuh-Kollektion für Herbst / Winter '96 - '97 über "duftende Schuhe", auch mit der Geruchsnote "Vanille" (für Frauen).

Dazu passen die Einlegesohlen mit Zimt-Aroma von der Firma SPINNRAD mit verschiedenen Eigenschaften wie z. B. "Verminderung von Fußgeruch und Schweißabsortion". Ergänzt wird dieses Angebot um die in verschiedenen Ausführungen angepriesenen Zimt-Latschen mit den Worten "Zimt - Eine Tradition aus Vietnam!". In die Sohle eingearbeitete Inhaltsstoffe sind "natürliches Zimt-Pulver aus verschiedenen ausgewählten Teilen des Zimt-Baumes (Holz, Rinde und Wurzel).

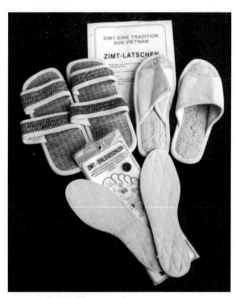

Zimt-Latschen und Zimt-Einlegesohlen zur Verminderung von Fußgeruch und Schweißabsortion

1997 bot die ccc&m - agentur, Hamburg, drei Weihnachts-CDs in Form eines

Weihnachtsmannes, eines Schneemannes und eines Weihnachtsengels mit würzigem Duft nach Anis, Zimt oder Nelken an. Die X-masDuft-CD!

Nach einem Artikel in DER SPIEGEL 5/1999 fochten indische Anwälte ein im Biotech-Boom erteiltes Patent auf Kurkumawurzeln, dem Hauptbestandteil der Curry-Pulver, an. Um den Konzernen aus dem Westen vorzubeugen, wurden von indischer Seite bei der WTO Patente auf Ingwer, Pfeffer, Kurkuma, Kardamom, Chillies, Kumin, Nelken, Senf und Koriander angemeldet.

Es stand wirklich in der BILD-Zeitung vom 08.10.1998, allerdings mit Fragezeichen: "Gold aus der Senf-Pflanze?" Neuseeländische Forscher wollen mit Senfpflanzen Gold gewinnen. Robert Brooks von der Massey-University berichtet in einer Studie: "Werden Pflanzen auf goldhaltigen Böden angebaut, können sie erhebliche Mengen dieses Edelmetalles in Blättern und Sprossen anreichern". Nach Verbrennen des geernteten Strohs würde in der Asche das Gold zu finden sein.

Der echte Nobelpreis hat Konkurrenz bekommen, nämlich der "IG-Noble-Preis". Ignoble heißt so viel wie unehrenhaft. Das Preiskomitee der Harvard-Universität prämiert damit die blödsinnigsten Forschungen. Zu den Preisträgern gehört auch der Biologe Paul Bosland vom chilenischen Pfeffer-Institut für die Züchtung einer geschmacklosen Pfeffer-Schote.

Übrigens: ... So beginnt das Curry-Wurst-Lied von Herbert Grönemeyer:
"Jehste inne Stadt,
watt macht dich da satt?
'Ne Currywurst.
Kommste vonne Schicht,
watt Schöneret jibt et nich,
als wie 'ne Currywurst
mit Pommes dabei.
Ach, dann jeben se jleich
zweimal Currywurst!
Bist de richtich daun,
brauchs de wat zu kaun.
'Ne Currywurst ...."

"Hamburg hat Pfeffer im Sack":
- Plakat für eine geplante aber nicht durchgeführte Hamburg-Werbung -
... und die Pfeffersäcke sind immer häufiger "Plastik statt Jute"
Foto: Georg Schulz

Hamburg und die Gewürze

Sie machen in Gewürzen, so Import und Export? Dann haben Sie ihr Lager bestimmt in der Speicherstadt. So reagieren die meisten auf die Nennung

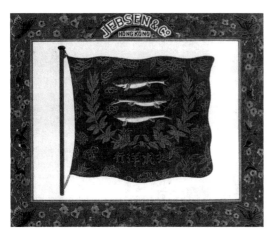

meines Berufes. Tradition wird von einem Hamburger Gewürz-Kaufmann erwartet. Doch im Zeitalter der Container-Verschiffungen und der Gabelstapler ist das Lagern in Speichern unrationell geworden. Historisch gesehen hat Hamburg auch nicht über die Jahrhunderte die Bedeutung im Gewürz-Handel gehabt, die man vermuten könnte.

Firmenzeichen Jebsen & Co. in Honkong

Als hier im Norden Deutschlands zur Zeit Karls des Großen die "Hammaburg" bescheiden als feste Siedlung begann, hatten andere Städte und Reiche, die den Gewürz-Handel beherrschten und durch ihn reich und mächtig wurden, ihre Blüte bereits hinter sich.

Der lange, früher äußerst gefahr- und verlustreiche Land- und See-Weg von den sagenhaften Gewürz-Inseln, den Molukken Indonesiens, von der Malabar-Küste des geheimnisvollen Indien durch viele geschäftstüchtige Hände hielt die Spezereien bis ins achtzehnte Jahrhundert knapp und teuer. Es wurden Kriege geführt um die Beherrschung des Gewürz-Marktes. Mit keinem anderen Handelsartikel konnte früher so viel Profit gemacht werden, wie mit Gewürzen. Als Gewürz-Handelsplatz kann Hamburg auf eine lange Reihe von Ahnen zurückblicken. Im Vergleich mit diesen ist Hamburg aber ein sehr bescheidener Nachkomme.

Schiffe und Karawanen brachten die Gewürze nach Babylon. Von dort aus wurden diese Schätze weitergehandelt nach Arabien und Ägypten, und dann zu den Küsten des Mittelmeeres.

1015 - 977 v. Chr. herrschte die sagenhafte Königin von Saba. Die Bibel berichtet uns von ihrem Besuch bei König Salomon, und dass sie als Gastgeschenke auch Gewürze mitbrachte. Sie war Königin eines der vier arabischen "Gewürz-Königreiche" Minäa, Katabon, Hadramaut und Saba. Eine Stadt, die schon früh durch den Gewürz-Handel reich geworden war, dürfte bis zu ihrer Zerstörung (663 v. Chr.) Theben, die Hauptstadt des oberägyptischen Reiches, gewesen sein. Dann gelang es Karthago, Zentrum des Gewürz-Handels zu werden, aber auch nur für eine begrenzte Zeit. Zur Zeit von Christi Geburt wurden unter römischer Herrschaft die meisten Gewürze über Alexandria gehandelt. Die Stadt blühte dadurch auf.

641 n. Chr. nach der Eroberung Alexandrias durch die Araber änderten sich auch die Wege des Handels und es wird vermutet, dass die alte, 637 n. Chr. gegründete Stadt Basra der bedeutenste Gewürz-Handelsplatz der seinerzeit bekannten Welt wurde.

Übrigens: ... Damals war noch nicht bekannt, dass zu dieser Zeit in dem uns noch unbekannten Südostasien die Stadt Malakka an der Meerenge zwischen der malaiischen Halbinsel und Sumatra ein reiches und mächtiges Gewürz-Handelszentrum des dortigen Raumes war.

Nach Basra hatte Konstantinopel fast eine Monopolstellung im weiteren Handel mit den Spezereien des Orients nach Europa, jedoch nur bis zur Eroberung durch die Türken im Jahre 1453.

Mit Schwarz und Weiß ist Venedig danach reich geworden: Mit Schwarz ist der schwarze Pfeffer gemeint, mit Weiß nicht der weiße Pfeffer, der seinerzeit nur eine kleine Rolle spielte, sondern die weiße Baumwolle. Venedig verstand es, ein beispielhaftes Monopol zu errichten und zu verteidigen.

Über Venedig kamen die süddeutschen Handelshäuser ins Gewürz-Geschäft, herausragend die Fugger und Welser in Augsburg und die Tucher in Nürnberg. Sie sicherten sich das Monopol für das nördliche Europa und wurden so sagenhaft reich.

Es waren die Portugiesen, die mit überlegenen Schiffen und Waffen zu den Ursprungsländern der Gewürze vordrangen, nachdem Vasco da Gama 1497 den Seeweg um Afrika gefunden hatte. Mit der Entdeckung des Seeweges nach Indien und zu den Gewürzinseln Indonesiens brach Venedigs Monopol zusammen. Portugiesische Flotten brachten die Gewürze nach Lissabon. Die süddeutschen Handelshäuser nahmen dann prompt die Geschäfte mit Lissabon auf. Bereits 1503 hatten die Kaufleute Anton Welser aus Augsburg und sein Schwager Conrad Vöhlin aus Memmingen für weitere deutsche Kaufleute mit dem portugiesischen König Manuel einen Vertrag abgeschlossen, der es ihnen erlaubte, sich mit selbst finanzierten Schiffen als erste deutsche See-Expedition den portugiesischen Convois anzuschließen und auf eigene Rechnung Handel zu treiben. Hamburger Kaufleute waren nicht dabei.

Königlich Portugiesische Flagge etwa 1700

Noch vor den Engländern, den Holländern und Franzosen, bereits 1505 - ca. 8 Jahre nach der Entdeckung des Seewegs nach Indien - segelten die ersten drei vom Augburg-Nürnberger Handelshaus der Welser finanzierte und ausgerüstete Schiffe mit der 7. portugiesischen Flotte nach Indien, um dort kupferne Drahtbarren aus den oberpfälzischen Bergwerken, Haushaltsgeräte, Waffen, Textilien und sogenannten "Nürnberger Kram" gegen Pfeffer und andere exotische Landesprodukte einzutauschen. Nach über einem Jahr trafen sie wieder in Lissabon ein und brachten 630 tons Pfeffer sowie Ingwer, Nelken, Reis, Seidenstoffe und Baumwolle mit.

An den folgenden ersten deutschen See-Expeditionen unter portugiesischer Führung beteiligten sich nur die sogenannten "überdeutschen Handelsgesellschaften" mit eigenen Schiffen, aber ohne Hamburger.

Zur Zeit Karl V., also mit Beginn des 16. Jahrhunderts, gelang es den flandrischen Kaufleuten, Antwerpen zur reichsten Gewürzstadt Europas zu machen.

London, Rotterdam, Amsterdam und Hamburg waren noch immer Hafenstädte, die in diesem Handel keine Bedeutung hatten. Es fehlte die Seemacht, die direkt zu den Ursprungsländern führte. Zwar wurde in London schon 1180 die Gilde der "Pepperer" gegründet, die aber Gewürze und Heilkräuter nur als Großhändler durchhandelten. Deutsche Kaufleute, die dort ihre Gewürze verkaufen wollten, mußten sich dieses Privileg durch einen Tribut erkaufen, zu dem auch 10 Pfund Pfeffer gehörten.

In Bergen (Norwegen), im Bryggens Museum, gibt es ein Holzstück aus dem 12. Jahrhundert mit einer Runen-Inschrift, die übersetzt lautet; "Münzmeister Torkjel sendet dir Pfeffer". Doch woher der Pfeffer kommen sollte, ist nicht bekannt. Es zeigt nur, dass Pfeffer dort schon bekannt war.

Runen-Inschrift: "Münzmeister Torkjel sendet dir Pfeffer".
Foto: Bryggens Museum, Bergen (Norwegen)

In Hamburg blieben, auch infolge der großen Brände 1284 und 1842 und der Ausbombung 1943, nur wenig Zeugnisse des frühen Gewürz-Handels erhalten.

Aus dem um 1385 geschriebenen Handlungsbuch eines "Flandern-Fahrers", des Hamburger Kaufmanns Vicko von Geldersen, kann man entnehmen, dass er über Flandern südländische Gewürze, wie Ingwer, Pfeffer und Gewürz-Nelken, nach Hamburg bringen ließ.

Firmenzeichen der Firma Julian Grossmann

"Für den norddeutschen Raum, besonders für die Hansestädte, wurde die Bezeichnung "Pfeffersäcke" im Volksmund für die Großkaufleute, Handelsherren und Schiffseigner verwendet, die hier die Führungsschicht bildeten - kein Fürst, kein Adel, kein Papst machte ihnen diesen Rang streitig." (Aus "Speichern und Spenden, Nachrichten aus dem Hamburger Alltag").

1467 wird in einer Kämmerei-Rechnung der Stadt Hamburg die "Pepermöhlenbek" genannt. Nach diesem Grenzbach zwischen Hamburg und Altona ist jetzt dort eine Straße benannt. Die Topografie bezeichnet sie auch als "Pfeffermühlen-Bek". Man könnte daraus auf eine Pfeffer-Mühle oder eine Papier-Mühle schließen, aber es gibt keine sicheren Belege für die eine oder andere Alternative. Überliefert ist jedoch, dass dort eine Pulver-Mühle gestanden haben soll.

"Im Krieg der protestantischen Engländer gegen die katholischen Spanier belieferte die Hanse die Spanier mit Lebensmitteln, Tuchen, Schiffsmaterial und sogar Waffen. Die zurückgebrachten überseeischen Waren warfen so viel Gewinn ab, dass die Kaufherren selbst den Verlust eines Schiffes in Kauf nahmen oder ihre Kapitäne den weiten Weg um Schottland herum fahren ließen. Wertvollste Fracht waren die Gewürze. Pfeffer ist sein Gewicht in Silber wert. Wer einen ganzen Pfeffersack besitzt, ist fast schon reich." (Erik Verg 1999) Im Herbst 1999 hatte ein normaler 70-kg-Sack mit schwarzem Pfeffer nur noch einen Wert von etwa 350 EURO!

Mit der Eroberung neuer überseeischer Länder und deren Kolonialisierung setzte auch ein erbarmungsloser Kampf, eine brutale Ausbeutungs-Politik der Kolonialmächte ein, mit dem Ziel, durch Monopolisierung das große Geschäft mit Gewürzen zu machen.

Um 1540 stammten 90 % der in Antwerpen aus deutschen Landen einlaufenden Schiffe aus Hamburg, das damit auch am stärksten von dem in Antwerpen konzentrierten Gewürz- und Kolonialwarenhandel profitierte. Die führende Rolle Antwerpens war seit der Blockade der Schelde 1585 zum größten Teil beendet. Nach der Eroberung durch Herzog Alba verlor Westeuropas Handelshauptstadt Antwerpen seine Bedeutung. Hamburg war nachfolgend auf dem besten Weg, zum Pfeffer- und Gewürz-Stapelplatz für den norddeutschen Markt aufzusteigen. Und es wurde zum Mittelpunkt für den Handel der über Lissabon nach Europa gelangten Gewürze. "Diese hochmütigen Krämer und Pfeffersäcke, schmierigen Herings-

Firmenzeichen der Firma Carlowitz & Co.

händler und Bärenhäuter!" schimpfte neidisch der dänische König Christian IV. (1588 - 1648).

Dies dauerte nur bis zum raschen Aufstieg Amsterdams durch die 1602 gegründete "Vereenigte Ostindische Compagnie". Diese beherrschte mit ihren sehr gut bewaffneten Schiffen bald die Seewege nach Indien und Indonesien und damit quasi das Gewürz-Monopol.

Übrigens: ... Die Bürger Hamburgs waren früher auch keine Gewürz-Verächter. So berichtet Kurt Grobecker in seinem Buch "Klug sind sie alle - plietsch muss man sein": "Als Hamburgs im Mittelalter blühende Brauwirtsschaft in die Krise geriet: ... Ganz besonders liebte unser hanseatischer Urgroßvater den 'Luddertrank', den geläuterten Trank, oder auch 'Yppokras'. ... Es sind Rezepte überliefert, nach denen im 'Yppokras' folgendes enthalten war: Zimt, Kardamom, Nelken-Köpfe, Muskat-Blüte, Ingwer, Paradies-Körner, Safran, Zucker und Honig."

Hamburg war nie eine Stadt der kriegerischen Macht, der mit Waffengewalt errichteten Monopole, der gewaltsamen Eroberungen. Herausragenden politischen Einfluß oder eroberungsfähige militärische Stärke wie zum Beispiel Venedig, hat Hamburg nie besessen, auch nicht angestrebt. Hamburg und seine Kaufleute pflegten lieber friedlich aber risikofreudig und geschickt zu handeln und zu verhandeln.

Hamburg war immer eine Stadt der weltlichen und religiösen Toleranz. Dieses ist historisch in Relation zu setzen zu dem, was sonst in der Welt geschah. So war Hamburg oft die Zuflucht vieler Emigranten: "Die Sefardischen Juden, die um 1600 nach Hamburg kamen, stammten aus Spanien und Portugal. Die spanischen Juden waren zuerst aus ihrer Heimat vertrieben worden und gingen daraufhin nach Portugal. Als Spanien sich 1580 Portugal einverleibte, wanderten die spanischen und portugiesischen Juden in die Niederlande aus. Auch dort bald von den Spaniern vertrieben, mußten sie sich eine neue Heimat suchen. Der Rat der Stadt Hamburg, der sich von den zugewanderten jüdischen Kaufleuten einigen Erfolg im Gewürz-Handel und demgemäß hohe Steuereinnahmen versprach, schloß mit den portugiesischen Juden 1612 einen Vertrag, dem auch die kaufmännische denkende Bürgerschaft

Stempel des Konsulats in Shanghai

zustimmte. Diese Juden, spezialisiert im Großhandel auf Zucker, Tabak, Kaffee, Kakao, Kattun und Gewürze, zumal Pfeffer, entwickelten sehr rasch ein florierendes Gewerbe." (Eckardt Klessmann 1981)

Die Juden in Hamburg, auch "Portugiesen" genannt, waren im Waren- und Geldhandel sehr erfolgreich. Sie führten ihre Geschäfte als einen internationalen Familienverband und beherrschten den Rohrzucker-, Gewürz- und Silber-Handel. Sie waren an der Hambuger Bank beteiligt und als Makler an der Börse tätig, erlangten im Pfeffer-Handel zeitweilig eine monopolartige

Stellung und verhalfen Hamburg zu besonderer Bedeutung im europäischen Gewürz-Handel. In den 1675 in Altona gedruckten "Hertzfliessende Betrachtungen von dem Elbe-Strom" von M. Petro Hesselio, Pastor zum Pesthof, steht: "Viel weniger zu loben, als die Schweden Anno 1636, nach erhaltenen unterschiedlichen Victorien, drey Hamburger Schiffe so mit frischen Spanischen Wein, Specerey und anderen Gütern beladen nach Franckfurth an der Oder gewolt, geplündert und beraubet haben ... die Elbe ist auch eine Krahm-Bude, so allerhand Specereyen den Menschen läst zukommen, nemlich Sucker, Carneel, Pfeffer, Ingwer, Näglein, Saffran, ... Cardamum ... etc. die aus Holland, Spanien und anderen Ohrten abgeholet werden."

"Hertzfliessende Betrachtungen von dem Elbe-Strom"
von M. Petro Hesselio, Pastor zum Pesthof

Dem im Jahr 2000 erschienenem Buch "Bürger, Brauer, Zuckerbäcker" von Ariane Knuth und Dierk Strothmann über die Häuser der Deichstraße können wir entnehmen, dass sich 1771 der Gewürzhändler Paul Köster das heute noch erhaltene Haus Nr. 37 als Kapitalanlage und zur Vermietung kaufen konnte. Nach einem Bericht in der Monatszeitschrift DER HAFEN, Heft 5/2000 von Günther F. Brandt ließ der Gewürzkaufmann Jakob Lange dieses Haus im Jahre 1686 als Speicher mit Kontor und Wohnräumen bauen. Heute ist es bekannt als "Alt Hamburger Bürgerhaus". Im genannten Buch wird auch von dem politisch aktiven Hieronymus Schnittger berichtet: "Jeronimo Snitger, wie er sich leicht hispanisiert nannte, kümmerte sich um den Handel des väterlichen Geschäfts mit Iberien, kaufte und verkaufte Zucker, Gewürze und Tabak." Und über den

Retter der neuen Börse während des Hamburger Brandes von 1842, Theodor Dill, finden wir hier die Mitteilung, dass er 1840 das Haus Nummer 27 für seine Firma Albrecht & Dill kaufte. dieses Unternehmen ist auch heute noch erfolgreich im Gewürz-Import tätig.

Daraus ist zu schließen, dass Hamburg seit dem 17. Jahrhundert einen eigenständigen Einfuhr- und Ausfuhrhandel mit Gewürzen entwickeln

*Firmenzeichen
Siemssen & Co.*

konnte. Es war aber kein direkter Handel aus den Ursprungsländern. Solange die Kolonialmächte eifersüchtig darüber wachten, dass die gewinnträchtigen sogenannten Kolonialwaren nur von ihren eigenen Schiffen in ihre Häfen geholt werden durften, mußten sich die Kaufleute des Stadt-Staates Hamburg auf Deutschland und Nordeuropa beschränken. Trotz der Beschränkung verstand man es, erfolgreich Gewürz-Handel zu treiben.

Erhalten ist ein bereits 1736 in Hamburg gedruckter wöchentlicher "Preis-Courant der Wahren und Partheyen" in dem auch die Notierungen für folgende Gewürze enthalten sind: 3 Proveniencen schwarzer Pfeffer, 2 Qualitäten Saffran, Ingber, geschält und ungeschält, Cubeben, weisser Pfeffer, Langer Pfeffer, Piment, Canehl oder Zimmet, Macis, Muscaten-Nüsse, Negelein, Cumin, Fenchel, Rosmarin, Sternanis, kleine und große Cardemom, Cassia lignea (chin. Zimtrinde), Foenum Graecum (Bockshornkleesamen) und Brod-Kümmel, nordischer, polnischer und englischer. Auch "Indianischer Pfeffer", gemeint sind Chillie, Cassia-Blüten (Zimt-Blüten, Anm. des Verf.), Ingwer ... . Ein wichtiger Importartikel neben Tee war der chinesische Zimt - Cassia lignea ... . In manchen Jahren war Cassia sogar wertmäßig die bei weitem wichtigste Importware im direkten Verkehr mit China. (Bernd Eberstein "Hamburg-China")

*Stempel des Hanseatischen
Consulats zu Tien-Tsin*

"Durch portugiesische Vermittlung betrieb Schuback einen ausgedehnten Handel mit Kolonialprodukten und führte über Lissabon Pfeffer, Canehl, Cardamom, Nelken ... ein. (Joh. Schuback Söhne, ca. 1800)

Nach dem Adressbuch von 1830 gehörte das Kontor- und Lagerhaus in der Deichstraße 44 der Firma Nolze & Co. - Gewürz-Handel. Ein Modell dieses für Hamburg typischen Gebäudes befindet sich im Museum für Hamburgische Geschichte.

Wir sandten eine möglichst assortierte Ladung mit Sago und Pfeffer..." (Behn Meyer & Co, Batavia 1841)

"Der Markt in Canton unterschied sich nur wenig von dem in Macao; für die wichtigsten Ausfuhrartikel, Sternanis, Chinawurzel, Kampfer und Cassia, forderten die Händler hohe Preise. Nicht anders verhielt es sich mit den in Macao gekauften geringen Mengen Kampfer, kandiertem Ingwer und Zinnober und in Singapore gekauften Pfeffer, Sago ..." (Siemssen & Co., 1845)

"Ein großer Anteil an den Abladungen hatten Gewürze - Pfeffer, Ingwer, Sternanis -, außerdem Cassia, Cassia-Flores ..." (Siemssen & Co., Canton 1850)

Firmenzeichen einiger im Hamburger Gewürz-Handel tätigen Firmen

"In den östlichen Häfen nahmen unsere Schiffe verschiedene Ladung ein ... in Singapore alle möglichen Produkte wie ... Pfeffer und Gewürze." (Arnold Otto Meyer, Singapur 1854)

Stempel des Hanseatischen Konsulats zu Amoy

"Für Drogen und Zucker fand er einen Käufer in Julius Großmann, der das China-Geschäft seiner 1853 in Hamburg gegründeten Firma aufbauen wollte. Er bezog außerdem Cassia ..." (Siemssen & Co., Canton 1859)

Der umfangreiche gedruckte Jahresbericht vom 31. Dezember 1856 des angesehenen Maklers, der Firma H. & G. A. Lappenberg, überliefert uns neben einem langen Marktbericht auch die in den Jahren 1855 und 1856 neben vielen anderen Produkten über Hamburg gehandelten Gewürz-Mengen.

Erst im Laufe des 19. Jahrhunderts bildeten sich in Hamburg Firmen, die sich immer mehr auf Kolonialwaren und damit auch auf Gewürze und auch auf Arzneidrogen entweder als Makler und Agenten oder Importeure bzw. Transithändler spezialisierten.

Als Indien, Ceylon, Singapore, Nigeria, Jamaica und Grenada von England beherrscht waren, wurden die aus diesen Ursprüngen kommenden Gewürze über London gehandelt.

1851 gründete der Hamburger Kolonialwaren-Kaufmann Emil Heinrich Worleé die Firma E. H. Worleé & Co., die jetzt bereits in der 5. Generation im Familienbesitz ist, weltweit agiert und erfolgreich ihr Sortiment um Trockengemüse, Lackrohstoffe und verwandte Artikel erweitert hat.

Die bereits genannte Firma Julius Großmann wurde 1853 in Hamburg gegründet. Unter wechselnden Inhabern war sie bis 1995 aktiv im internationalen Arzneidrogen- und Gewürzhandel tätig.

1859 wurde die ebenfalls noch auf dem Weltmarkt speziell "in Pfeffer" aktive Firma Müller & Jantzen in Hamburg gegründet. 1900 in die Firma Jantzen & Deeke umgegründet, konnte sie am 15. April 2000 das 100-jährige Bestehen feiern.

1882 wandte sich der Bremer Kaufmann F. A. Lüderitz mit der Anfrage an das Auswärtige Amt, ob er für eine von ihm an der Südwestküste Afrika geplante Ansiedlung auf den Schutz des Reiches rechnen dürfe. Damit begannen die ersten Bemühungen, auch für Deutschland überseeische Schutzgebiete, Kolonien, zu gewinnen und so direkten Zugang zu Rohstoffen und den "Kolonialwaren" zu bekommen.

Die einsetzende Kolonialbegeisterung im aufstrebenden deutschen Reich führte auch unter der Führung Hamburger Kaufleute zur Gründung der "Deutsche Ost-Afrika-Gesellschaft", die neben den Hamburger Handelshäusern Hansing und O'Swald in Ostafrika und Sansibar unter dem Schutz des Reiches aktiv wurden. Es wurde von der Hamburger "Hansing-Mrima Land- und Plantagen-Gesellschaft" auf mehreren Plantagen die Vanille-Kultur begonnen.

Emblem des "Waren-Verein der Hamburger Börse".

In Kamerun engagierten sich bereits ab 1868 verschiedene Hamburger Firmen, wovon die Häuser Jantzen und Tormöhlen sowie die später auch im Reedereigeschäft tätige Firma Woermann am erfolgreichsten waren. Es wurde die "Kamerun Land- und Plantagen-Gesellschaft" gegründet. Und so können wir bei Rochus Schmidt in "Deutschlands Kolonien" lesen: "Die Vanille, am 17. Februar 1892 als Stecklinge gepflanzt, entwickelte sich sehr zufriedenstellend. ... Der Ingwer von Jamaika brachte im Januar und Februar eine reiche Ernte. ... Der schwarze Pfeffer entwickelte sich üppig und ist bereits mit Fruchtähren bedeckt." Mit dem ersten Weltkrieg gingen diese Ansätze verloren.

Im Jahre 1900 wurde in Hamburg der "Verein zur Förderung des hamburgischen Handels mit Kolonialwaaren, getrockneten Früchten und Drogen" (Waaren-Verein) gegründet und der Begriff Kolonialwaren umfaßte auch Gewürze. Heute heißt der Verein kurz: "Waren-Verein der Hamburger Börse". Der Arbeitsgemeinschaft "Gewürze" dieses Vereins gehören jetzt 17 Firmen als ordentliche Mitglieder an. Aber darüber hinaus befassen sich noch ungefähr ein Dutzend Firmen wesentlich mit Gewürzen und verwandten Artikeln wie Gewürz-Kräutern, getrockneten Würz-Pilzen, Würzgemüsen und Würzmischungen. Aus Hamburg und dem Umland sind 9 Firmen Mitglied im "Fachverband der Gewürzindustrie". Dass Hamburg weiterhin eine wesentliche Rolle im internationalen Gewürzhandel spielt, wird unterstrichen durch das im Mai 1987 hier stattgefundene "Peppertech-Meeting" der "International Pepper Community".

Das Gewürz-Museum "Spicy's" in der Speicherstadt von Hamburg

Auf dieser "Pfeffer-Welthandel-Konferenz" trafen ungefähr 100 Im- und Exporteure aus Brasilien, England, Finnland, Frankreich, Indien, Indonesien, Malaysia, Micronesien, Niederlande, Österreich, Schweden und Spanien mit den hiesigen Handelshäusern zusammen. In seiner Begrüßungsansprache im Rathaus machte Bürgermeister Dr. Klaus von Dohnany deutlich, dass der sonst kaum öffentlich in Erscheinung tretende Hamburger Gewürz-Handel ein lebendiger Teil der Hamburger Kaufmannschaft ist.

Die Bedeutung Hamburgs auch als Stadt des Gewürz-Handels wird deutlich, weil hier in der Speicherstadt "Spicy's", das einzige Gewürz-Museum der Welt, ist, mit über 100.000 Besuchern im Jahr.

Heute zählt Hamburg nach Singapore und New York neben Rotterdam zu den bedeutendsten Gewürz-Handelsplätzen der Welt.

Übrigens: ... den "Quetzal-Orden", die höchste Auszeichnung des Landes Guatemala, erhielt der aus Hamburg stammende Apothekersohn Oscar Majus Klöffer. Leider wurde er erst posthum dafür geehrt, dass er 1917 in Guatemala den Kardamom-Anbau eingeführt und so erfolgreich betrieben hat, dass Guatemala jetzt zu den bedeutendsten Kardamom exportierenden Ländern gehört.

Foto: Quetzal-Orden von Guatemala, verliehen an den Hamburger Oscar Majus Klöffer für die Einführung des Kardamom-Anbaus in Guatemala.

Von Hamburg aus geht wöchentlich weltweit an alle am internationalen Gewürz-Handel interessierten Abonnenten der HOT SPICE Newsletter der HOT SPICE Medien GmbH. Auf allen bedeutenden Nahrungsmittel-Messen der Welt lädt der SPICE-Pavillon zu Kontakten und Aufnahme von Geschäftsverbindungen ein, ebenfalls organisiert von der HOT SPICE Medien GmbH.

Briefkopf des wöchentlichen zweiseitigen HOT SPICE - Newsletter

Gewürze und Tiere

Nach wissenschaftlichen Erkenntnissen waren vermutlich nicht die Menschen die ersten, die die Köstlichkeit des Ingwers entdeckten. Der Paläontologe Peter Wilf von der amerikanischen Universität von Michigan veröffentlichte in "Science" (Bd. 289, Nr. 5477, S. 291), dass eine Gruppe von Käfern seit 70 Millionen Jahren an den Blättern einer Ingwer-Art knabbert. Anhand von fossilen Fress-Spuren an versteinerten Blättern alter Ingwer-Pflanzen konnte dies bewiesen werden. Die Nachkommen dieser Blattkäfer fressen auch heute nach Millionen von Jahren noch immer das Gleiche.

Die Wissenschaft befasst sich aber auch mit anderen Gewürzen, z. B. mit der Wirkung des Korianders auf Ratten:

"Hypolipidämischer Effekt von Koriandersamen (Coriandrum sativum), Wirkungsmechanismus. An Tierversuchen (Ratten) konnte festgestellt werden, dass Koriandersamen den Lipidmetabolismus beeinflußt. Cholesterin und Triglyceride nahmen, sobald das Futter Coriander enthielt, im Tiergewebe signifikant ab. Dagegen stiegen die Aktivitätswerte für Glutaryl-CoA-Reduktase und Plasma-Lecithincholerin-Transferase an. Aus den Ergebnissen ließe sich eine gute hypolipidämische Wirkung ableiten, die Werte für LDL und VLDL nahmen ab, diese haben einen negativen Einfluß auf die Gesundheit, während der Wert für HDL-Cholesterin zunahm. Dies ist ein positiv pharmakologischer Vorgang."

Doch zurück zum praktischen Leben. Mit der Königin der Gewürze, der Vanille, wollen die Angler die Fische zum Anbeissen locken. Auf der ersten Internationalen Anglermesse in Stuttgart wurden 1997 "Boiles", gewürzte Teigkugeln aus Mehl und Milch, vorgestellt. Die Fische bzw. die Angler können zwischen verschiedenen Geschmacksrichtungen, wie Banane, Käse, Aprikose, Zimt oder Vanille wählen.

Gewürze als Angelköder sind nicht neu. Das chinesische "Illustrierte Buch der Wurzeln und Kräuter" - "Ben cao tu jing" von Su Song (1020 - 1101) berichtet, dass die Fischer an den Flüssen Xiang und Han die Sternanis-früchte sammelten, dann zusammen mit Reis stampften, um damit die Fische anzufüttern. Die so angelockten Fische kamen aus den Tiefen hoch und konnten so gefangen werden.

1989 ging ein Artikel von ap durch die Presse, aus dem hervorging, dass amerikanische Forscher der Auburn-Universität im Staate Alabama her-ausgefunden haben, was Kühe glücklicher macht. Die Rindviecher brau-chen einen Hauch von Anis-Öl im Fell, um sich frei vom Streß der Rang-ordnung besser der Milchproduktion widmen können.

Auch für Tauben ist Anis eine Delikatesse. Den neu eingekauften Tauben gaben die Bauern früher Anis zu picken, damit sie sich an den heimi-schen Taubenschlag gewöhnen und keinen Anreiz zur Flucht verspürten.

An verschiedenen Orten durfte im 17. Jahrhundert kein Cumin, also Kramkümmel oder Kreuzkümmel, verkauft werden. Es hieß, dass man mit besonders zubereitetem Cumin die Tauben der Nachbarn in seinen eigenen Taubenschlag locken könne. Im "Materialist und Specerey-Händler" von 1717 heißt es vom Kramkümmel (Kramkümmel = Cumin: Wiesenkümmel = unser üblicher Kümmel) "Die Tauben sind darauf sehr begierig, deswegen wird er gar oft von denjenigen gebrauchet, die ihre Taubenhäuser und Schläge gerne voll Tauben hätten: Sie müssen ihn aber mit einer gewissen Art saltziger Erde, welche die Tauben selbst auf denen Aeckern entdecken, vermischen, oder aber andere Erde, die vor-her mit Urin, Häringslake, und dergleichen angemacht ist, vermengen. Dieserwegen dürffen auch an unterschiedenen Orten die Kramer keinen nicht verkaufen."

Selbstversuche haben ein altes Rezept bestätigt:
"Ameisen mögen keinen feinstgemahlenen Zimt. Diese Erkenntnis kann man nutzen, um Ameisen an Wegen und Terrassen zu vergrämen. Auch Lavendel ist ihnen zuwider. Bestreut man ihre Pfade damit, werden sie andere Wege gehen."

Unter der Schlagzeile "Das Segeberger Gewürzei schmeckt nach Thy-

mian und Basilikum" berichtete BILD am 4. März 1988 über den Tierarzt
Dr. Lauermann. Er fütterte seine Hühner mit einem raffinier-
ten Brei aus Thymian, Salbei, Basilikum,
Rosmarin, Kerbel und Sojaöl. Die so ernährten
Hühner legten appetitlich gewürzte Eier, bei
denen man sogar auf das übliche Salz verzich-
ten kann.

Nach einem Bericht im HAMBURGER ABEND-
BLATT vom 22. Juni 1999 unter der Überschrift
"Animateur für Löwen" vertreibt der Tübinger
Student Sebastian Warning den gelangweilten
Zootieren die Zeit mit allerlei den Tieren angepaßten Spielen. So wurde
er auch erfolgreich mit Lebkuchen-Gewürz. Dieses wird auf einen
Kratzbaum gestrichen und ist für Großkatzen ein "Fest der Sinne".

Ergänzend dazu berichtete dpa am 4. April 2000:
"Zoos als Erlebnisparks: Zwischen Disneyland, Tierwürde und Natur ...
Tiger in Hannover schwelgen in Düften von Zimt und Majoran."

Die US-Tierschutzvereinigung PETA wendet sich nach einer Nachricht
der AFP vom 30. März 2000 aus Neu Delhi in einer Kampagne gegen die
indische Lederindustrie. Die den Hindus heiligen Kühe würden unter
fragwürdigen Umständen zur Schlachtung transportiert. Die Tiere würden schwer geschlagen, ihnen werde Pfeffer in die Augen gestreut oder
absichtlich die Schwänze gebrochen.

Gewürze zur Tierarznei sind auch seit langem bekannt, wie alte Rezepte
von 1753 zeigen. Zum Beispiel "Wie den Bienen die rothe Ruhr zu vertreiben ist" oder "Daß man die Schaafe gesund behalten möge".

Sehr experimentierfreudig zeigt man sich mit den verschiedenen Chil-
lies- und Paprika-Arten und kommt zu interessanten Ergebnissen: Das
"Chili Pepper Magazin" empfiehlt seinen Lesern, dass sie vogelfutterlie-
bende Eichhörnchen so vergrämen können: "... auf vier Pfund
Waldvogelfutter einen Eßlöffel scharfe, gemahlene Chillies beimischen".

Die Leser sollen sich aber nicht wundern, wenn es an der Tür klopft und ein Eichhörnchen um ein Glas Wasser bittet.

Nach einem Bericht der Zeitung DIE WELT vom 3. Mai 2001 mit der Überschrift "Pfefferspray soll Elefanten verscheuchen" könnten Chillies in Zukunft Elefanten in Afrika und Asien davon abhalten, die Felder der Einheimischen zu plündern. Eine Spraydose, die ein amerikanischer Erfinder bereits erfolgreich gegen Grizzlybären eingesetzt hat, enthält ein Kilogramm einer Mischung aus Öl und Chillies. Zusammen mit einem englischen Zoologen hat er das Mittel für den Einsatz gegen aufdringliche Elefanten weiter entwickelt. Damit man den gefährlichen Dickhäutern nicht zu nahe treten muss, wird die Spraydose über ein handliches Katapult in die Nähe der Tiere geschleudert. Dort beginnt sie ihren scharfen Inhalt zu versprühen. Erste Freilandversuche in Simbabwe beweisen die Wirksamkeit des Mittels. Nach einem kräftigen Niesen ziehen sich die Elefanten zurück.

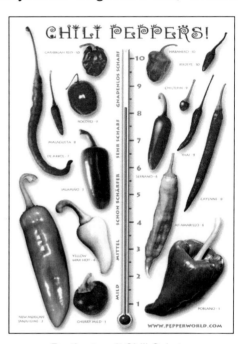

Postkarte mit Chili-Schoten
www.pepperworld.com

"Hühnerfutter mit Chili hilft gegen Salmonellen", mit diese Schlagzeile berichtet das HAMBURGER ABENDBLATT vom 28. August 2001 über Forschungsergebnisse von Audrey McElroy von der Virginia Tech University. Danach lag die Infektionsrate um 50 Prozent niedriger. Das in den Chillies enthaltene Capsaicin verursacht allerdings eine Darmentzündung. Möglicherweise aber aktiviert diese Entzündung das Immunsystem gegen die Salmonellen.

Dr. Jean Andrews berichtet in ihrem Buch "Peppers": The Domesticated Capsicums", dass im US-Staat Georgia die bei der Aufbereitung der

Chillies und Paprikas anfallenden Abfälle an das Vieh verfüttert wurden. Das Resultat war, dass das Eigelb der Hühnereier intensiver gefärbt war. An Kühe verfüttert ergab sich, dass die Butter eine nicht gewünschte rosa Färbung bekam.

Mit der Schlagzeile "Mosambiks Farmer rüsten mit smarter Jumbo-Bombe gegen Elefantenterror" berichtete dpa am 18. Juli 2002, dass man dort mit einer selbst gebastelten "Jumbo-Bombe" gegen die das Farmland zerstörenden Elefanten vorgeht. Diese Bombe wird aus frischem Elefanten-Kot und Piri-Piri-Chillies hergestellt. Wenn diese getrocknete Masse langsam verbrennt, wird beißender Rauch freigesetzt, der Tränengas nahe kommt. Peter Bechtel, ein deutschstämmiger Amerikaner, ist der Erfinder dieser Elefanten-Abwehr-Bombe. Dieses Projekt wird vom World Wide Fund for Nature (WWF) zunächst mit 70.000 EURO unterstützt.

Das Logo "Elephant-Pepper"
der Organisation "Mid Zambezi
Elephant Project - Chili Pepper Company"

Ähnliche Aktionen werden auch aus Zimbabwe gemeldet. In Zimbabwe werden die kleinen "Bird-Eye"-Chillies angebaut. Dort wurde eine Organisation, das "Mid Zambezi Elephant Project - Chili Pepper Company", gegründet mit den Zielen, den Chillies-Anbau und -Export zu fördern, die wilden Elefanten zu schützen und Methoden marktfähig zu erarbeiten, um die Elefanten von den Plantagen zu vergrätzen. Diese Organisation hat ein Logo "Elephant-Pepper" und wirbt mit diesem auf T-Shirts, Trinkbechern, Mousepads und Frisby-Scheiben.

Übrigens: ... Viele dieser Chili-Informationen verdanke ich den von Herrn Harald Zoschke unter www.pepperworld.com ins Internet gestellten Nachrichten, die dort noch ausführlicher zu finden sind.

Gewächse und Gewürze

Der Hanlin-Gelehrte Li Yu und spätere Kanzler des chinesischen Kaisers Mingzong (regierte von 926 - 933) ärgerte sich über das vor seiner Halle zwischen der Pflasterung sprießende Unkraut und befahl, zwischen die Ziegel Zimtholz-Späne zu streuen. Dadurch sollen sogar die ansonsten ausdauernden Gräser abgestorben sein.

Im chinesischen Buch "Frühling und Herbst des Lü Buwei" heißt es, dass unter der Krone von Zimt-Bäumen keine anderen Pflanzen gedeihen können. Die Ursache, dass der scharfe, beißende Geruch von Zimt-Zweigen sein soll, ist umstritten.

In "Herzog Leis Erörterungen über Medizinbereitung" steht: "Wenn man aus Zimtholz einen Nagel anfertigt und diesen in einen Baum treibt, stirbt der Baum ab". Gut gemeint, doch woher sollte man Zimt-Holz bekommen? Als Gewürz erhielt man aus den Ursprungsländern, auch aus China, nur die zum Gewürz aufbereiteten Rinden.

Wenn es das Wort "Waldsterben" auch derzeit noch nicht gab, der Fortbestand der Piment-Bäume auf Jamaika - und nur von dieser Insel bekamen wir den Piment - war Ende des 19. Jahrhunderts ernsthaft bedroht. Die Mode, besonders in den USA und England, sich stillvoll und elegant

Krawatte
mit Zimt-Motiv

mit einem Regenschirm zu schmücken, war die Ursache dafür. Die jungen Triebe, also der Nachwuchs für die nächste Generation der Piment-Bäume, eigneten sich besonders gut, um Schirm-Stöcke herzustellen. Sie wurden bedenkenlos abgehackt und verkauft. Erst eine 1882 gesetzlich durchgeführte Reglementierung rettete die jungen Bäume vor den Folgen dieser inzwischen vergangenen Mode.

Guten Appetit

Konfuzius (551 - 479 v. Chr.), der berühmte chinesische Philosoph, betrachtete es als undenkbar, auch nur eine Mahlzeit ohne Ingwer einzunehmen.

Nach dem Ende des trojanischen Kriegs geriet Odysseus auf der Heimfahrt in die Höhle des Riesen Polyphem, der ein Menschenfresser war. Zwei Gefährten des Odysseus verspeiste er als Abendessen und am nächsten Tag weitere zwei. In einem Lustspiel des Euripides (485 - 406 v. Chr.) findet man dazu das Rezept für diese Kannibalenmahlzeit:

> "... Ich lasse euch schmoren, kochen,
> auf dem Rost über Kohlen zubereiten,
> am Spieß braten, um euch in Salzwasser zu legen,
> in eine saure Sauce,
> eine bittere, eine Knoblauch-Sauce,
> wenn sie hübsch siedend ist ..."

Marcus Gavius Apicius aus der Zeit der römischen Kaiser Augustus (63 v. Chr. - 14 n. Chr.) und Tiberius (42 v. Chr. - 37 n. Chr.) ist der ursprüngliche Verfasser des bekanntesten römischen Kochbuches. Plinius (61 n. Chr. - 113 n. Chr.) und Seneca (55 v. Chr. - 40 n. Chr.) berichteten mehrfach über diesen Kochkünstler und Prasser, der eine Vorliebe für teure ungewöhnliche Gerichte hatte. Durch seine aufwendigen Kompositionen von Gastmählern hat er sich allerdings auch ruiniert. Das folgende Beispiel aus seinem Kochbuch, zeigt uns, dass schon die Römer viele der heute noch gebräuchlichen Gewürze kannten:

Apici excerpta a Vinidario viro inlustri

Brevis pimentorum que in domo esse debeant, ut condimentis nihil desit:
crocum, piper, zingiber, lasar, folium, baca murre, costum, cariofilum, spica India, addena, cardamomum, spica nardi.

De seminibus hoc:
papaber, semen rude, baca rute, baca lauri, semen aneti, semen api, semen feniculi, semen ligustici, semen eruce, semen coriandri, cuminum, anesum, petrosilenum, careum, sisama.

Da siccis hoc:
lasaris radices, menta, nepeta, saluia, cupressum, origanum, zyniperum, cepa gentima, bacas timmi, coriandrum, iunci, piretrum, citri, fastinaca, cepa Ascalonia, radices, anet puleium, ciperum, alium, ospera, samsucum, innula, silpium, cardamomum.

Auf deutsch liest es sich so:
Auszug aus APICIUS vom Edelmann Vinidarius
Kurze Auflistung von Gewürzen, die im Haus sein sollten, damit es an der Würzung nicht mangelt:
Safran, Pfeffer, Ingwer, Laser (eine seit dem Altertum durch Raubbau ausgerottete Asant-Art), Lorbeerblätter, Myrtenbeeren, Kostwurz, Echter Speik, Addena (nicht mehr bekannt), Cardamom, Lavendelspitzen.

Folgende Samen:
Mohn, Rautensamen, Rautenfrüchte, Lorbeer-Beeren, Dillsaat, Selleriesaat, Fenchel, Liebstöckelsaat, Gelbsenfsaat, Coriander, Cumin, Anis, Petersilie, Kümmel, Sesam.

Cardamom-Konfekt

Getrocknete Dinge wie folgt:
Laser (s.o.), Minze, Katzenminze, Salbei, Zypresse, Oregano, Wacholder, Enzian-Zwiebel, Thymian-Beeren, Coriander, Estragon, Zitrone, Pastinake, Schlotte, Bonsenwurzel, Dill, Poleiminze, Zyperngras, Knoblauch, Ospera (nicht mehr bekannt), Holunder, Alant, Silphion (eingedickter Wurzel- und Stengelsaft des Laser, s.o.), Cardamom.

133

Der römische Schriftsteller Petronius (er starb 66 n. Chr. durch Selbst-
mord) beschreibt in seinem "Satiricon" das Gastmahl des protzenden
Emporkömmlings Trimalchio: "Es wurde in silbernen Schüsseln unter
anderem gebackene Siebenschläfer begossen mit Honig, in den Pfeffer
gestreut war, gereicht. Dazu servierte man Pfaueneier in Mehlteig in
deren gepfefferten Eidottern gesottene Grasmücken lagen."

Geheimnisse der schönen Saucen von Florenz
von Antonio Pucci (14. Jahrhundert).

Rezepte willst du wissen zarter Saucen?
Da musst du Salbei, Minze, Thymian geben,
das ganze drauf mit Rosmarin beleben
und Knoblauch wie die Juden im Land der Gosen.

Dies alles dann in einem Mörser stoßen -
Vergiss ja nicht den Schlägel of zu heben! -
Gib Lorbeer bei, drei Blätter auch von Rosen.

Auch ein Basilienkraut musst du zerdrücken.
Gut ist ein Pfefferkorn, auch Kräutersäfte.
Und spare nicht an ein paar Nelkenstücken.

Die Butterblume gibt dem Seim die Kräfte.
Hast du gar Ingwer, wird's besonders glücken.
Zerbrösle dann zwei, drei, vier Zimmetschäfte.

Zu all dem Kraut ist Essig sehr erprießlich.
Nimm ihn scharf, sonst ist es recht verdrießlich.

Bevor die Spanier Jamaika und die anderen karibischen Inseln erreichten und eroberten, lebten dort die Arawaks. In ihrer Sprache bedeutete
"Jamaica" das Land der Inseln und des Wassers. Die Arawaks starben
bald aus oder wurden von den Eroberern getötet. Diese Eingeborenen
benutzten Piment, um das Fleisch von Tieren und angeblich auch der
getöteten Feinde haltbar zu machen. "Boucan" nannte man dieses so

behandelte Fleisch. Die Piraten, die später die Insel als Stützpunkt für ihre Raubzüge nutzten, übernahmen diese Konservierungsmethode. Deshalb wurden die westindischen seeräubernden Flibustier auch "Bukanier" genannt. Englisch heißt der Seeräuber auch "Bouccaneer". Heute wird den Touristen auf Jamaika über einem offenen Feuer aus Zweigen des Pimentbaumes gebratenes Schweinefleisch angeboten. Die Ureinwohner nannten so eine Stelle "Barbeque".

Heinrich Heine zeigt in seinem " Deutschland. ein Wintermärchen", dass er über Gewürze nicht viel wusste. Den Hamburgern rät er:

> "Gießt nicht zu viel Cayenne-Piment
> In eure Mockturtle-Suppen.
> Auch eure Karpfen sind euch nicht gesund,
> Ihr kocht sie so fett mit den Schuppen."

Was meinte er, Cayenne-Pfeffer (= Chillies) oder Piment von Jamaika?

Zur Zeit des berühmten Meisterkochs Scappi (1540 - 1570) bildeten sich, von Italien ausgehend, viele Gourmet-Vereine. Die meist sehr reichen Mitglieder sowie viele gewiss nicht so wohlhabende Künstler luden sich gegenseitig zu selbst gekochten, selbst gestalteten, luxuriösen Fest- und Schaumählern ein. Zum Beispiel lud der Maler del Sarto (1486 - 1530) die anderen elf Mitglieder der "Compagnia del Paiolo", der Gemeinschaft vom großen Kessel, zu sich ein. Sein Gericht stellte einen Tempel dar, gebaut aus delikaten Wurstsäulen und würzigen Parmesanpfeilern. Darin stand ein Stehpult aus geschnittenem Kalbfleisch, auf dem ein Gesangbuch aus köstlicher Lasagne lag. Die Noten wurden durch schwarze Pfefferkörner dargestellt.

1716 veröffentliche Jacob Marperger, Kgl.-Poln. und Chur.-Sächsisch., Hoff- und Commercien-Rath, wie auch Mitglied der Königlich Preußischen Societät der Wissenschaften, ein Kochbuch unter dem Titel

> "Römische Mahlzeiten, Gastereyen und Banquete
> Küch- und Keller-Dictonarium",

mit einem bemerkenswerten Rezept: "Strauss zu kochen: Bereite einen Sud aus Wasser mit Pfeffer, Minze, Kümmel, Selleriesamen, Dattelkernen oder Gewürz-Nelken ... Willst du aber ein kräftiges Ragout kochen, so füge Speltgraupen hinzu. Auch mit Pfeffer, Liebstöckel, Thymian der Bohnenkraut, Honig, Senf, Essig, Lake und Öl kann man Straussfleisch kochen."

Unter der Überschrift "Frauen essen keinen Hund" brachte DIE WELT vom 4. September 1999 einen Bericht aus Vietnam von Edith Kohn: "... Gekochter Hund. "Die Rasse heißt Haushund", sagt Herr Tan, "Schäferhunde essen wir nicht, die sind zu fett." Mit den Essstäbchen nimmt er eine Scheibe Schinken auf, tunkt sie in graurosa Shrimp-Sauce, die zum Hund gehört wie das Salz zur Suppe. Peperoni, Ingwer und Limetten liegen auf dem Teller bereit, als würzende Beilagen."

Aus gegebenem Anlass, als die mörderischen Kampfhunde durch die Medien hetzten, konnte man in der TAZ von einem besonderen Rezept lesen: "Das ultimative Kampfhundrezept" Als Zutaten für das Gericht empfiehlt der langjährige Gourmet-Korrespondent Shi Ming aus dem Reich der Mitte für 3 Personen neben 250 g Kampfhund-Filet auch 25 g getrocknete Chillies, 0,5 g Szechuan-Pfeffer, 1,5 g Ingwer und 1,5 g Knoblauch. Bei der hohen Dosierung der Chillies wird der Hund auf dem Teller scharf und bissig sein.

Auch für Astronauten sind Gewürze wichtig. Zitiert aus dem Bericht DER SPIEGEL 24/1998 "Eisbecher zum Geburtstag": "... Am besten war nach der Meinung der Freiwilligen folgendes Drei-Gänge-Menü: Als Vorspeise ... eine pikante Pfeffer-Creme-Suppe ..." "Bis zu zehn Prozent des Kalorienbedarfs muss auch bei Langzeitflügen ... gedeckt werden. Darunter fallen ... auch Gewürze. Heimlich hatte Astronaut Ulrich Walter im All ein paar Pilze herausgezupft und roh gegessen. "Die schmecken fast wie zu Hause, nur Pfeffer und eine Prise Salz fehlten."

Übrigens: ... Sollte man Sie nach einem origenellen Curry-Rezept fragen. Man schenkte mir eins, praktisch auf einem Küchenhandtuch:

KROKODIL CURRY

PERSONAL:
1 Indischer Küchenmeister
8 Küchenjungen
4 Ersatzjungen
  einsatzbereit

Zutaten:
3 Grosse Krokodile (C. Niloticus)
1 Geräuchertes Stachelschwein
3000 Pfefferschoten
1 Schubkarre Currypulver
1 Tonne Reis
1 Busch Lorbeerblätter

Zubereitung:
1 Kroks mit Vorschlaghammer kräftig über die Köpfe schlagen.
2 Tränen in einer Pfanne auffangen und später für Salatsosse verwenden.
3 Koch weist Jungen an, Kroks in das erhitzte Schwimmbad zu werfen. Aufpassen! Sonst müssen Ersatzjungen eingesetzt werden.
4 Nach 7 Tagen Haut abziehen. Kann später für Handtaschen usw. verarbeitet werden.
5 Nach 10 Tagen fallen Zähne aus, die sich gut für Amulette und Schmuck verwerten lassen.
6 Schwanz abtrennen und Krokodilsuppe zubereiten.
7 Überlebende Küchenjungen, Kroks und Stachelschwein in mundgerechte Würfel schneiden lassen.
8 Gewürze zufügen und für weitere 2 Tage kochen. Der Curry ist bereit, wenn Aasgeier über dem Schwimm - bad kreisen. Reicht für 1250 Personen.
9 Die Schwiegermutter zuerst versuchen lassen.

Küchenhandtuch mit einem originellen Curry-Rezept

Aus Hongkong berichtete dpa: Ein Richter hat die Klage eines chinesischen Häftlings abgewiesen, der wegen zu wenig gewürzter Mahlzeiten vorzeitig aus dem Gefängnis entlassen werden wollte. Wie die "South China Morning Post" berichtete, fehlte diesem Dieb in der Haftanstalt in der ehemaligen britischen Kronkolonie die heimatlich pikante Note im Essen. Da er aus der für ihre scharf gewürzte Küche bekannten Provinz Hunan stammte, sei das Hongkonger Gefängnisessen mehr als gewöhnungsbedürftig, klagte der 32-jährige. Der Richter hielt dies für abwegig. Der Mann habe seit 1990 fünfmal in Hongkong in Haft gesessen. Also müsste er sich inzwischen an die übliche relativ gewürzarme Kost gewöhnt haben.

Am 28. August 1987 brachte das HAMBURGER ABENDBLATT aus Tokio von SAD eine Nachricht mit der Schlagzeile"Gold als Speisewürze": "... plant die Hakuichi Company vom 1. September an den Verkauf von 0,01 Millimeter starken in Flaschen abgepackten Goldplättchen in verschiedenen Formen: Manche sehen aus wie Tiere, andere besitzen lediglich geometrische Formen. In Restaurants sollen zahlungskräftige Kunden diese goldige Würze über Hauptgericht und Nachtisch streuen. Im nächsten Jahr soll das Gold-Gewürz auch für den Hausgebrauch auf den Markt kommen ..."

Reine Geschmackssache – Eis mit Chili und Knoblauch

"Eine Kugel Eis mit Tomate und Basilikum, bitte." Wie bitte? Jedem Menschen mit funktionstüchtigen Geschmacksnerven dreht sich bei dieser Vorstellung der Magen um. Klingt wie Spaghetti mit Karamellsoße oder Sahnetorte in Aspik. Und: Zutaten wie Chili oder Knoblauch haben mit traditionellem italienischen Eis so viel zu tun wie Döner mit Tiramisu. Doch das interessiert bei Susis Eisladen in Ottensen niemanden.

"Viele Kunden sind zunächst erstaunt. Unsere Devise lautet jedoch: Wenns nicht schmeckt, gibt es das Geld zurück", sagt Susanne Bäcker. Doch das passiere kaum: "Manche kommen immer wieder und probieren sogar einer mit Gewürzgurken.

die er in sein Eis haben wollte", sagt Bäcker, die vor sieben Wochen den Laden an der Bahrenfelder Straße 115 eröffnete. Das Prinzip ist einfach: Der Kunde wählt ein Basiseis (Joghurt, Vanille, Zitronensorbet oder Schokolade) und entscheidet sich dann für die besondere Zutat, die in der Eisvitrine liegt. Das können gefrorene Erdbeeren, Orangen, Karotten oder Tomaten sein. Die Geschmackspalette reicht von süß bis salzig, sauer und scharf.

Erstaunte Kundschaft findet man auch bei "Eiszeit" in der Müggenkampstraße 45 in Elmsbüttel. Wie schmecken bitte Sorten wie "Mit viel Liebe", "Kalter Hund" oder "Heidi"? Der Test ergibt: Vorsicht, dieses süß-sahnige Eisvergnügen birgt Suchtgefahr! (hpkd)

Ein Eis mit Chili und Petersilie. FOTO: MICHAEL ZAPF

HAMBURGER ABENDBLATT vom 16. August 2001

Zum Schluß noch die letzte Strophe des Gedichts "Speisen bildet" von Fritz Graßhoff:

> Kommen Sie erst nach Cul au mer!
> Da haben wir unsere Köchin her.
> Die bereitet aus Taubendung und Kaneel,
> Kakerlaken und feinem Weizenmehl
> einen Kuchen, den man nicht essen kann.
> Wir essen ihn nicht. Wir bieten ihn an.

Feierliche Gewürze

Im April eines jeden Jahres wird mit großem Pomp in St. George auf den Bermudas die "Peppercorn Ceremony" gefeiert. Die dortige Freimaurer-Loge zahlt dann mit e i n e m Pfefferkorn ihre jährliche Miete für ihr Hauptquartier im Old State House, dem 1620 dort als erstem aus Steinen erbauten Haus. Auf einem samtenen Kissen wird dieses Pfefferkorn in einer großartigen Prozession durch die Stadt getragen und dann dem Schatzmeister der Stadt überreicht.

"La rosa del azafrán
es una flor arrogante
que nace al salir el sol
y muere al caer la tarde."

Die Safranrose
ist eine arrogante Blume,
die bei Sonnenaufgang erblüht
und zum Abend hin stirbt.

So beschrieb sie Jacinto Guerro (1595 - 1651) in seinem Werk "La rosa del azafrán", einer seiner bekanntesten "Zarzuelas", der spanischen Musikgattung ähnlich der Operette, in einer Liebesgeschichte in der ländlichen Mancha zur Zeit der Safran-Ernte.

In dem sogenannten "Bowers-Manuscript", das vermutlich im 5. Jahrhundert in Turkestan auf 56 Blättern aus Birkenrinde in Sanskrit geschrieben wurde, gibt es Anweisungen, wie das Knoblauchfest zu feiern ist: Es sollte während der Monate März und April gefeiert werden, wenn die Frauen keinen schmückenden Gürtel tragen, um Männer zu gewinnen, und wenn sie der Kälte wegen keine Halskette umgehängt haben, wenn es keine Belustigungen auf den Hausdächern gibt, die sonst wegen der Berührung der fahlen Strahlen des Mondes so angenehm sind, dann, nur dann sollte das Knoblauchfest gefeiert werden.

Plakat vom Majoran Festival in Aschersleben

Auf Grenada, dem zweitgrößten Exportland von Muskat-Gewürzen, spielt auch das preisgekrönte Musical "The Nutmeg Princess" (Die Muskatnuss-Prinzessin) von Richardo Keens-Douglas. Es wurde dort auch jeweils an den Wochenenden im Januar 2001 im Marryshow Folk Theater aufgeführt.

In Spanien, einem Hauptanbaugebiet von Safran, werden am Ende der Ernte "Safran-Feste" gefeiert, so in der Ortschaft Consuegra in der Provinz Toledo am letzten Sonntag im Oktober das "Fest der Safranblüte". Dann treffen sich Vertreter aus allen Safran anbauenden Provinzen und beteiligen sich am Wettbewerb der Safranzupfer im Herauszupfen der Narben aus den violetten krokusartigen Blüten. Auf den Feldern werden die reifen, ganzen Blüten geerntet und dann daheim von der gesamten Familie, um einen Tisch sitzend, die Narben herausgezupft. Diese Narben, getrocknet, sind das eigentliche Gewürz Safran. Mit der Krönung einer "Safrankönigin", einer "Dulcinea de la Mancha", wird die Leistung der Pflückerinnen und Zupferinnen gewürdigt. In einem anderen Ort, in Santa Ana bei Albacete, wird beim Safran-Fest ein ähnlicher Wettbewerb durchgeführt. Dort müssen die Narben aus 250 Blüten in weniger als 10 Minuten gepflückt werden. Umrahmt wird dieses Fest mit Auftritten von Volkstanzgruppen.

In Kalifornien gibt es eine Organisation, die sich "Liebhaber der stinkenden Rose" nennt. Fast der gesamte Bedarf der USA an Knoblauch wird in Kalifornien gedeckt und es wird sogar noch Knoblauch exportiert. Dort und auch im Süden Frankreichs feiert man zur Erntezeit viele örtliche Knoblauchfeste, bei denen sowohl von den Ansässigen als auch vielen angereisten Knoblauchfreunden reichlich Knoblauch genossen wird.

In Indien werden sehr viele, lokale, regionale und überregionale gewürzbezogene Feste begangen. Im Februar in und um Kerala das "Malabar Pepper Festival". Für die gläubigen Hindus findet im November, am 12. Tag der 1. Hälfte des Monats Kartika, das "Tulasi-Fest" statt. Tulasi, auch Virinda genannt, ist Basilikum der Gattung "Ocimum sanctum" und den Hindus heilig. Während dieses Festes wird diese Pflanze symbolisch mit ihrem Gott Krishna vermählt.

Das größte aller Gewürzfeste findet in der kleinen Stadt Hatch im Staate New Mexico statt. Hatch nennt sich auch "Chili Capital of the World" und das Fest heißt "World famous Chili Festival". Im Jahre 2003 wurde es zum 32. Mal gefeiert. Trotz der noch herrschenden Hitze im September fallen in das 1.200 Einwohner zählende Städtchen dann bis zu 12.000 Chili-Fans ein. Es findet immer am "Labour Day", einem der wichtigsten Feiertage der USA, statt. Neben den von einer Fachjury gewählten besten Chili-Schoten werden auch eine "Green Chile Princess" und eine "Red Chile Princess" gewählt. Eine "Hatch Festival Queen" gibt es so wie bei uns eine Heidekönigin. Viel Musik und Jahrmarktrummel und viele besonders scharfe Angebote wie "Chili Ice Cream", "Chili Suckers", "Chili Chips" und "Chily Candy" locken die "Chiliheads" an.

Eine besondere Attraktion für Angler ist der Chili-Köder:

> New Mexico Chile Lure!
> Instructions:
> Cast the lure into water-
> The fish will swallow it,
> when he comes up to spit
> out the HOT seeds
> get him with a dip net!

Und die "Chile Capital Artists" stellen dazu ihre Kunstwerke aus.

Noch nicht so lang, erst seit 1992, feiert man in Italien, in den Städtchen Diamante und Cirella in Kalabrien, das "Peperonico Festival". Es dauert vier Tage und hat als Höhepunkt die italienische Meisterschaft "Campionate italiano mangiatore de peperonico", bei der sich die Teilnehmer im wahrsten Sinne des Wortes das Maul verbrennen können. Das kann aber auch jeder Casanova-Verehrerin passieren, wenn sie die dort angebotenen Casanova-Küsse, "Baci di casanova", scharf gefülltes Schokoladenkonfekt, genießen will.

Leicht gewürzte Poesie

In unserer gelobten klassischen Lyrik finden wir selten Gewürze, und
dann nur in kleinen Prisen, wie auch Wilhelm Busch (1832 - 1908) rät:
> "...Ein braves Mädchen braucht dazu,
> mal erstens reine Seelenruh,
> daß bei einer Verwendung der Gewürze
> sie sich nicht hastig überstürze ..."

Begonnen hat es mit Wolfram von Eschenbach (um 1170 - 1220), der die
Sitte der Reichen, duftende Gewürze auf den Boden zu streuen, im "Par-
sival" so besang:
> "...Wenn man auf einen Teppich trat,
> Cardamom, Gewürznelke und Muskat
> lagen gestreut unter den Füßen ..."

Weder in der beliebten "Metzelsuppe" von Ludwig Uhland noch im
"Schlaraffenland" von Hans Sachs sind Gewürze zu finden.
Mehr von Gewürzen versteht "die perfekte Köchin" von Clemens Bren-
tano (1778 -1842):
> "...Pim, pim, pim der Mörser klinget,
> Nelken, Zimt und Muskatennuß.
> Alles bald zu Staub zerspringet ...
> Prosit! Von Pomeranzenschalen
> Voll verzuckertem Anis ...
> Orden zwölf von Zuckerkandel
> Und Vanille Achselschnur ..."

Gut und reichlich kann Günther Grass seine Schweinskopfsülze würzen:
> "...mit nelkengespickte Zwiebel, großem Lorbeerblatt
> mit einer Kinderhand Senfkörner ...
> niemals Dill-, Senf- oder Delikatessgurken ...
> eine gefüllte Schlüsselbeinkuhle schwarzen Pfeffer ...
> mit beigelegter Ingwerwurzel ...
> verfeinere mit Majoran."

Bei unseren Dichtern geht es mehr um einen anderen Lorbeer. So reimte der "Schlesische Schwan", Friederike Kempner (1836 - 1904), in ihrem Buch "Dichterleben, Himmelsgabe":

"An den Lorbeer
Ich liebe Dich - ich will's gestehen
Mehr als das erste Frühlingswehen,
Dein süßer Duft, der ewig währt -
Ist in der ganzen Welt geehrt -
Doch nicht des Siegeslorbeers Blatt -
Wer es empfängt, getötet hat -
Der schmale, schön gezackte ist's:
Du dunkelgrüner Lorbeer bist's."

Karl Kraus (1874-1936) kritisiert deshalb auch Deutsche Literaten:

"Die Lorbeern, von denen der eine träumt,
lassen den anderen nicht schlafen.
Ein anderer träumt, dass seine Lorbeern wieder einen anderen
nicht schlafen lassen,
und dieser schläft nicht,
weil der andere von Lorbeern träumt."

Doppelsinnig sieht Heinrich Heine (1797 - 1856) dieses Gewürz:

"Auch einen Schweinskopf trug man auf
In einer zinnernen Schüssel;
Noch immer schmückt man den Schweinen bei uns
Mit Lorbeerblättern den Rüssel."

Und Joachim Ringelnatz verrät uns wie die Seekuh riecht:

"Die Kuh hat einen Sonnenstich
Und riecht nach Zimt und Nelken.
Ohei! - - Uha!
Und unter Wasser kann sie sich
Mit ihren Hufen melken.
Ohei! - - Uha!"

Gewürze zum Hören?

Es hört sich interessant an, es peppt, wenn man musikalisch würzig lockt.

Dabei fing es so harmlos, noch ungewürzt an ...

... mit Christian Morgensterns GERUCHS-ORGEL, die so beginnt:

> "Palmström baut sich eine Geruchs-Orgel
> und spielt drauf v. Korfs Nieswurz-Sonate.
>
> Diese beginnt mit Alpenkräutern-Triolen
> und erfreut durch eine Akazien-Arie.
>
> Doch im Scherzo, plötzlich unerwartet,
> zwischen Tuberosen und Eukalyptus,
>
> folgen die drei berühmten Nieswurz-Stellen,
> welche der Sonate den Namen geben. ..."

Dann wurde es mit Gewürzen geräuschvoll: Dorthe singt ihren Titel "Chili-Pfeffer", und eine Zimtblüte (lateinisch Cassia Flores) wird laut. Von 1980 bis 1984 tritt sie in Hamburg als junge Hard-Rock-Pop-Blues-Band "Cassia Flores" unter anderem in der TANGENTE, im LOGO und auf dem evangelischen Kirchentag 1981 in Hamburg auf. Für den Auftritt auf dem Kirchentag wird warnend mit dem ergänzten Slogan des Kirchentages geworben: "Fürchte dich nicht, 'CASSIA FLORES' kommt!"

"DIE PFEFFERSÄCKE" sind eine aus vier Musikern bestehende Tanz- und Party-Band aus dem Ort Artern in Thüringen. Für sich, ihre Schlager und nebenbei für Mode warben die "SPICE - GIRLS." Die "RED HOT CHILI PEPPERS" sangen Titel wie "PEPPERS MAGIK" und "CHILI SEX". Inzwischen gibt es eine CD von "WEEN" mit dem Titel "WHITE PEPPER, auf deren Cover aber kein weißer Pfeffer abgebildet ist, sondern eine weiße Paprika-Schote.

Aus dem Fundus von Detlef Schulz, Musikanimation.

DIE WELT vom 24. März 1992 schreibt über eine Aufnahme aus der aktuellen Schallplattenproduktion: "Pili-Pili: Stolen Moments. Seit Jahren schlägt sich der holländische Jazzer Jasper an't Hof durch das Rhythmus-Dikicht Afrikas. Auch diesmal ist leichter beschwingter Jazz dabei herausgekommen - allerdings ist nichts an dieser Produktion so scharf wie das Gewürz Pili-Pili." Pili-Pili oder auch Piri-Piri ist eine volkstümliche afrikanische Bezeichnung für kleine Chilies, für die besonders scharfen!!

Diese Masche griff auch die Technik-Kaufhaus-Kette SATURN auf und bot ihr umfangreiches CD-Angebot mit dem Spruch "Spice up your life" an. Sinnvoller ist es, wenn ein für Kindergärten werbendes und von Kindern zu singendes Lied (Text: Lucy Kaluza, Musik: Siegfried Fietz) so beginnt:

"Pfeffer, Salz und Paprika,
Gewürze sind zum Würzen da. ..."

Die Quellen

Seit 1954 im Gewürzhandel tätig, sammelte ich zuerst zum eigenen Vergnügen Kurioses und Ungewöhnliches mit Beziehung zu Gewürzen, ohne mir Gedanken über Verfasser und Verlag zu machen. Später begegnete ich der einen oder anderen Geschichte woanders, teilweise in anderen Variationen. Danach bemühte ich mich, durch neugieriges Nachfragen den wahren Kern zu finden, wie z. B. bei den "Nelken von Holland", aber nicht mit dem Anspruch, eine wissenschaftliche Abhandlung zu schreiben. Es ist mir lieber, unterhaltsam die "Merk-Würzig-keiten" zu zeigen. Herumgestöbert habe ich und bin fündig geworden neben diversen Zeitungen und Firmen-Biografien in diesen Büchern:

Althaus, Peter Paul: "Traumstadt und Umgebung", Süddeutscher Verlag, München
Amado, Jorge: "Gabriela wie Zimt und Nelken", Rowohlt
Ascherson, Neal: "Schwarzes Meer", Berlin Verlag, 1995
Battuta, Ibn: "Reisen ans Ende der Welt 1325 - 1353", neu herausgegeben von
          Hans D. Leicht, Stuttgart - Wien 1985
Bibel: in unterschiedlichen Fassungen
Bochow, Karl-Heinz u. Lothar Stein: "Hadramaut", Verlag Ludwig Simon München 1986
Bohn, Gottfried Christian: "Wohlerfahrener Kaufmann" von 1789,
          Als Faksimile vom Verlag Dr. Th. Gabler 1977
Bradbury, Ray Douglas: "Fahrenheit 451"
"BRASIL, Handel und Industrie", Nr. 52, Dez. 1986 - Feb. 1987
Breuninger, Helga und Rolf Peter Sieferle: "Markt und Macht in der Geschichte",
          Deutsche Verlags-Anstalt 1995
Brier, Robert: "Zauber und Magie im alten Ägypten", Weltbild Verlag, 1990
Brillant-Savarin, Jean Anthelme: "Physilogie des Geschmacks", Koehler & Amelang, 1865
Camporesi, Piero: "Geheimnisse der Venus", Campus Verlag, Frankfurt/New York 1991
Challe, Robert: "Abenteuer im Auftrag des Sonnenkönigs", Horst Erdmann Verlag, 1980
Cipolla, Carlo M.: "Allegro ma non troppo. Die Rolle der Gewürze ...", Frankfurt/Main 1992
Clifford, Terry: "Tibetische Heilkunst", Otto Wilhelm Barth Verlag 1989
De Witt, Dave & Paul W. Bosland: "Peppers of the World", Ten Speed Press, Berkeley 1996
Eberstein, Bernd: "Hamburg - China", Hans Christians Verlag, 1988
Eschenbach, Wolfram von: "Parsifal"
Faber, Gustav: "Auf den Spuren von Christoph Kolumbus", Paul List Verlag, München 1987
Fabri, Felix: "Galeere und Karawane, Pilgerreise ins heilige Land,
          Zum Sinai und nach Ägypten 1483", Edition Erdmann, 1996
Faure, Paul: "Magie und Düfte", Artemis & Winkler, München und Zürich 1991

Favier, Jean: "Gold und Gewürze", Junius Verlag, 1920

Fazzioli, Edoardo: "DES KAISERS APOTHEKE", Gustav Lübbe Verlag, 1989

Gandhi, Maneka: "Brahmas Haar" Brandees & Apsel. Südwind, 1995

Germer, Renate: "Das Geheimnis der Mumien", Rowohlt Verlag, Reinbek, 1994

Giertz, Gernot: "VASCO DA GAMA Ein Augenzeugenbericht 1497 - 1499",
          VERLAG NEUES LEBEN BERLIN 1980

Gööck, Roland: "Das Buch der Gewürze", Mosaik Verlag, Hamburg 1965

Gollmer, Richard: "Das Apicius Kochbuch aus der römischen Kaiserzeit", Rostock 1928

Gorion, Micha Josef Bin: "Die Sagen der Juden" Parkland Verlag, 2000

Graßhoff, Fritz: "Die große Halunkenpostille", Deutscher Taschenbuch Verlag 1963

Grobecker, Kurt: "Klug sind alle - plietsch muß man sein", Ernst Kabel Verlag

Haerkötter, Gerd/Lasinski, Thomas: "Das Geheimnis der Pimpernuß", Eichborn Verlag 1989

Hardy, Bern: "Herz auf großer Fahrt"

Harris, Lloyd J.: "Nicht nur gegen Vampire", Schweizer Verlagshaus Zürich 1981

Heine, Heinrich: "Deutschland. Ein Wintermärchen", Wilhelm Goldmann Verlag 1983

Hertslet, William L., Winfried Hofmann: "Der Treppenwitz der Weltgeschichte", Ullstein 1984

Hertzka, Dr. Gottfried und Dr. Wighard Strelow: "Die Küchengeheimnisse der
          Hildegard-Medizin, Ratschläge und Erkenntnisse der Hl. Hildegard von
          Bingen", Verlag Hermann Bauer, Freiburg/Brisgau 1997

Hildegard, Hl. Hildegard von Bingen: "Heilkraft der Natur "Physica"",
          Pattloch Verlag, Augsburg 1991

Holst, Friedrich: "das karussell der kleinigkeiten", Brendes-Druck, 1984

Hopper, R. J.: "Handel und Industrie im klassischen Griechenland", C. H. Beck 1982

Hoenn, Georg Paul: Betrugs-Lexicon, Coburg 1761

Hücking, Renate / Ekkehard Launer: "Tuten & Blasen", Verlag am Galgenberg

Hughes, Thomas Patrick: "Lexikon des Islam", Fourier Verlag, Wiesbaden 1995

INTERCITY, das Magazin der Bahn 8/91

James, T.G.H.: "Das Leben der alten Ägypter", Weltbild Verlag 1993

Kähler, Hans: "Insel der schönen Si Melu", Indonesische Märchen und Geschichten",
          Erich Röth Verlag, Regensburg 1991

Katzer, Gernot: "Gernot Katzers Gewürzseiten", Graz

Kempner, Friederike: "Dichterleben, Himmelsgabe", Rütten & Loening, Berlin 1989

Khosrou, Naser E.: "Safarname", Diederichs, Die Deutsche Bibliothek, 1993

Kirsch, Peter: "Die Reise nach Batavia", Ernst Kabel Verlag, Hamburg 1994

Klessmann, Eckart: "Geschichte der Stadt Hamburg", Hoffmann und Campe, 1981

Knabe, Wolfgang: "Auf den Spuren der ersten deutschen Kaufleute in Indien",
          verlag moderne medien, 1993

Knuth, Ariane und Dierk Strothmann: "Bürger, Brauer, Zuckerbäcker",
          German Press Verlag GmbH, Hamburg 2000

Köhler, Fr. Eugen: "Köhler's Medizinal-Pflanzen, Atlas von 1887", Reprint Verlag von
          Fr. Eugen Köhler, Gera-Untermhaus 1887

Koelliker, Oscar: "Die erste Umsegelung der Erde", Reprint-Verlag-Leipzig, Reprint der
          Originalausgabe von 1908

Krais, Ulrich: "Kleine Geschichte aus dem alten Rom"
Lad, Vasant / David Frawley: "Die Ayurweda Pflanzen-Heilkunde", Edition Schangrila 1987
Lang, Rudolf W.: "Geh mir aus der Sonne König", Süd-West-Verlag 1968
Lewis, Dr. Y.S.: "Spices and Herbs for the Food Industry", Food Trade Press, England 1984
Liebs, Elke: "Das Köstlichste von Allem", Kreuz Verlag AG, Zürich 1988
Martin, Peter N.: "Die großen Spekulationen der Geschichte", Universitas Verlag, 1982
Merklein, Johann Jakob: "Reise nach Ostasien 1644-1653", Delph Verlag, 1985
Miller, Mark: "The Great Book", Ten Speed Press, Berkeley 1949
Milger, Peter: Die Kreuzzüge, Krieg im Namen Gottes", C. Bertelsmann Verlag,
        München 1988
Milton, Giles: "Nathaniel's Nutmeg", by Hodder & Stoughton, London 1999
Milton, Giles: "Muskatnuß und Musketen", Paul Zsolnay Verlag, 1999
Mizaldi, Antonii: "Ein Hundert Nützlich=curieus-und angenehme Kunst=Stücke
        Welche auf Begehren guter Freunde ...", Franckfurt und Leipzig 1753
Morgenstern, Christian: "Alle Galgenlieder", IM INSEL-VERLAG, Wiesbaden 1947
Museumspädagogischer Dienst Hamburg: "1789 - speichern & spenden", VSA Verlag,1989
Mostar, Gerhard Herrmann: "Aberglaube für Verliebte", Seewald & Schuler, Stuttgart 1955
Müller, Friedrich: "Hopfen und Salz", Verlag Mensch und Arbeit, München 1975
Müller, Friedrich: "Wo der Pfeffer wächst", Verlag Mensch und Arbeit, München 1974
Müller-Ebeling, Claudia / Rätsch, Christian: "Isoldens Liebestrank", verlegt by Kindler 1986
Paulun, Dirks: "Is doch gediegen", Broschek Verlag Hamburg, 1973
Paulun, Dirks: "Platt auf deutsch", Bruckmann, München 1974
Pögl, Johannes: "Die reiche Fracht des Pedro Alvares Cabral. Seine Indische Fahrt und die
        Entdeckung Brasiliens 1500-1551", Edition Erdmann in K. Thienemanns Verlag,
        Stuttgart-Wien 1986
Pomet, Peter: "Der aufrichtige Materialist und Specereyen-Händler", 1717,
        Reprint, Edition Leipzig, 1987
Potter, Paulus: "Genießer-Freuden", Lorch-Verlag 1977
Prause, Gerhard: "Niemand hat Kolumbus ausgelacht", ECON Verlag, Düsseldorf/Wien, 1991
Pruth, J.S.: "Spices and Condiments", Acadamic Press, New York 1980
Purseglove, J. W. / Brown, E. G. / Green, C .L. / Robbins, S. R. J.: "Spices",
        Longman Group Ltd., New York 1981
Rätsch, Christian: "Heilkräuter der Antike", Eugen Diederichs Verlag 1995
Rätsch, Christian: "Lexikon der Zauberpflanzen", VMA-Verlag, Wiesbaden 1988
Ràth-Végh, István: "Aus der Geschichte der Menschenverdummung", Corvina Verlag,
        Budapest, 1961
Reger, Karl Heinz: "Pfeffer aus Fernost", WLV W. Ludwig Verlag
Ringelnatz, Joachim: "Mein Leben als Mariner", Henssel Verlag 1983
Ringelnatz, Joachim: "und auf einmal steht es neben dir", Henssel Verlag 1980
Romer, John: "Sie schufen die Königsgräber", Verlag Max Huber, 1986
Rosbachium, Conradum: "Paradeißgärtlein / Darinnen die edleste und fürnembste Kräuter ...",
        Johann Spieß, Franckfurt am Mayn, 1588
Rosengarten, Frederic jr.: "The Books of Spices", Pyramid Books, New York 1973

Ruete, Emily: "Memoiren einer arabischen Prinzessin", 1886
Salentiny, Fernand: "Die Gewürzroute", DuMont Buchverlag Köln, 1981
Schmitt, Eberhard, Thomas Schleich, Thomas Beck: "Kaufleute als Kolonialherren",
      C.C.Buchners Verlag, Bamberg 1988
Schmökel, Hartmut: "Mesopotamien", Emil Vollmer Verlag, 1958 / 1966
Schmökel, Hartmut: "Kulturgschichte des Alten Orient", Weltbild Verlag, Augsburg 1986
Schöpf, Hans; "Zauberkräuter", Akademische Druck- u. Verlagsanstalt, Graz 1986
Schrader, Julie / Bernd W. Wesseling: "Mit einem Fuß auf dem Grab von Goethe"
Schreiber, Hermann: "Marco Polo, Karawanen nach Peking", Verlag Carl Ueberreuter,
      Wien / Heidelberg, 1974
Schulz, Detlef: aus dem Fundus www.musikanimation.de
Schulz, Georg: "Gedankensprünge", Soldi-Verlag, Hamburg, 1998
Selbourne, David: "Stadt des Lichts" über Jacob von Ancona, Gustav Lübbe Verlag, 1997
Senger, Gerti: "Zigeunermedizin", Ariston Verlag, Genf 1987
Shen Kuo: "Pinsel-Unterhaltungen am Traumbach", Eugen Diederichs Verlag, 1997
Spahni, Jean-Christian / Maximilian Bruggmann: "Die Gewürzstraße", Silva-Verlag,
      Zürich, 1991
Spicy's Gewürzmuseum, Hamburg, "Aphrodisia 2002"
Steinert, Maren: "Gewürze in der Bibel"
Swahn, Jan-Öjvind: "Boken Om Kryddor", AB Nordbok, Göteborg
Teubner, Chistian und Dr. Sybil Gräfin Schönfeldt sowie Dr. Ute Lundberg:
      "Paprika Gewürz und Gemüse"
Thompson, J. A.: "Hirten, Händler und Propheten", BRUNNEN Verlag, Giessen-Basel 1996
Uecker, Wolf: "Das Püree in der Kniekehle der Geliebten", Komet Verlag
W.E.L. ein Liebhaber der Oeconomischen Wissenschaften; "Der curieus- und offen-
      hertzige Wein-Artzt" und "Land- und Bauersmann oder Sichere Mittel ...",
      Franckfurt und Leipzig 1753
Winnington, Ursula: "Mein Leib- und Magenbuch", edition q Verlag 1992
Zaber, Philipp von Zabern: "Die Phönizier im Zeitalter Homers",
      Verlag Philipp von Zabern, Mainz 1990
Zohary, Michael: "Pflanzen der Bibel", Calwe Verlag Stuttgart 1983
Zoschke, Harald: "Das Chili Pepper Buch", Zoschke Data, 1997
Zweig, Stefan: "Magellan", S. Fischer Verlag 1983

Tina & Anita:

Die Ziege Tina fragt die ältere Anita, wie ihr der ganze Zimt schmeckt.